シリーズ「遺跡を学ぶ」106

# 南相馬に躍動する古代の郡役所

## 泉官衙遺跡

藤木 海

新泉社

# 南相馬に躍動する古代の郡役所
## ―泉官衙遺跡―

藤木　海

【目次】

編集委員
勅使河原彰（代表）
小野 昭
小野正敏
石川日出志
小澤 毅
佐々木憲一

装幀 新谷雅宣
本文図版 松澤利絵

# 第1章　伝説の地、泉に眠る古代遺跡

## 1　陸奥国行方郡

### 古代の陸奥国

いまからおよそ一二五〇年前頃の日本では、中国の唐の法典である律令をとり入れることにより、歴史上はじめて中央集権国家が誕生する。中央政府は奈良におかれ、地方は国・郡の領域に区分された。

現在の岩手県・宮城県・福島県にわたる広い範囲を、律令制下の行政的な地域区分では陸奥国《むつのくに》とよんだ。律令国家の支配領域のなかで、最北にあたる地域である。陸奥国は、武蔵国《むさしのくに》・常陸国《ひたちのくに》・上野国《こうずけのくに》・下野国《しもつけのくに》など関東の諸国と同様、六四九年（大化五）までには成立し、当初は宮城県北部までの領域であったと考えられている（**図1**）。その後、七一八年（養老二）五月二日には、陸奥国の南部、すなわち現在の福島県域の太平洋側が石城国《いわきのくに》、内陸側が石背国《いわせのくに》として分割される。しかしこの二国は、数年後に再びもとの陸奥国に統合される。

この石城・石背両国が、設置後わずか数年で陸奥国に統合された背景には、七二〇年（養老四）におこった「蝦夷《えみし》」の反乱があったと考えられている。当時、岩手県以北の地域には律令制の支配に属していない人びとが住んでいた。中央政府は、彼らを野蛮な民族という意味を込めて「蝦夷」とよび、彼らの居住する地域を版図に組み入れようとしたが、蝦夷はこれに抵抗し、大規模な反乱に発展することもあったのである。

そして、この石城・石背の両国が、再びもとの陸奥国に統合されたのは、陸奥北部が律令国家の蝦夷政策の最前線になり、その後方支援を担うためであった。

## 陸奥国行方郡

陸奥国の領域は、いくつかの郡に分かれていた。一〇世紀前葉に編纂された百科辞典である『和名《わみょう》類聚抄《るいじゅしょう》』には、陸奥国内に三六の郡が存在したことが記されて

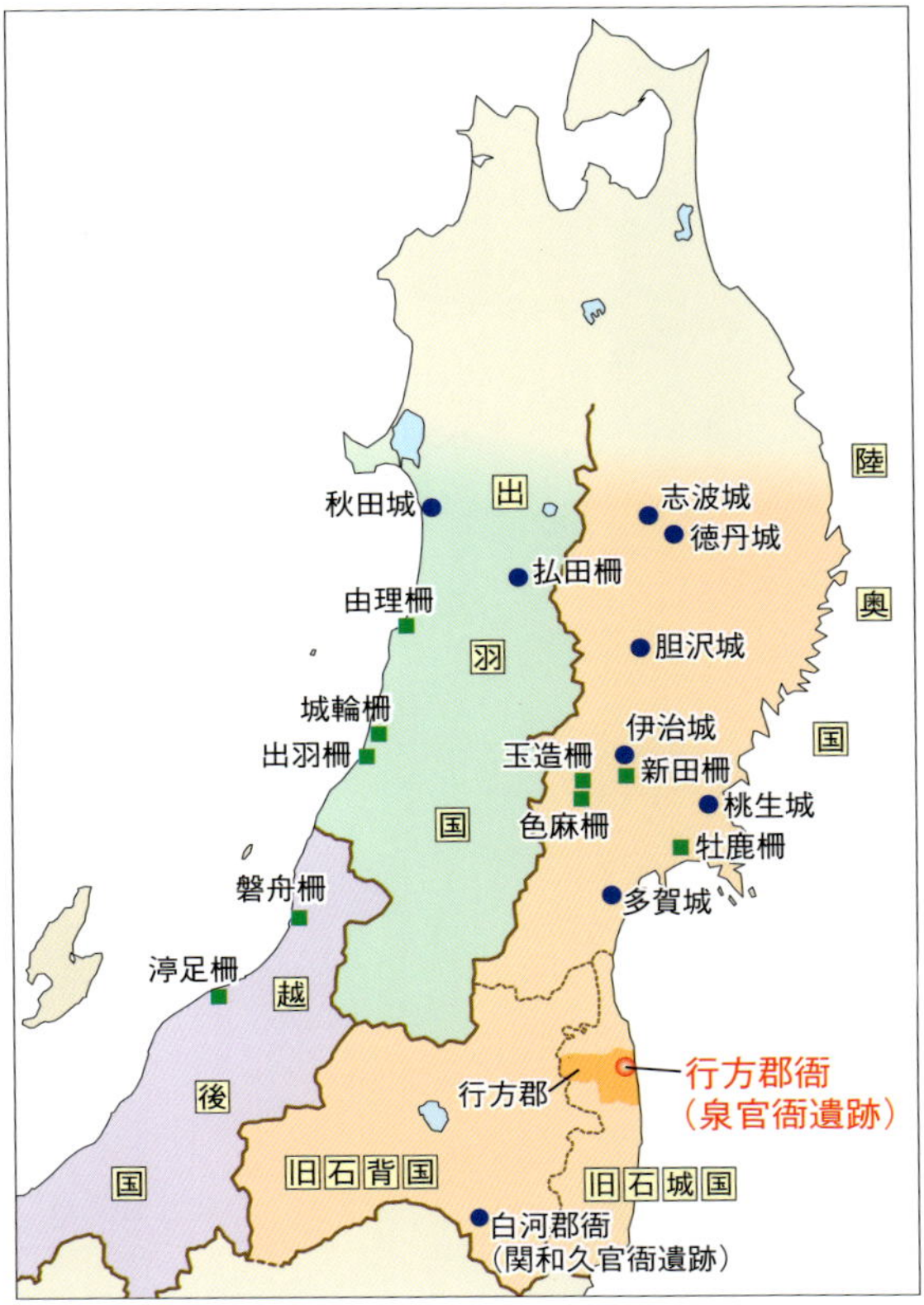


図1 ● 古代の東北地方

おり、行方郡《なめかたぐん》はその一つである。『続日本紀《しょくにほんぎ》』に養老二年の石城・石背国分割についての記事に、石城国のなかに編成された「行方」の名前を確認できる。これが行方郡の史料上の初見であり、少なくともこの時期までには行方郡が成立していたと考えてよい。

郡はいくつかの郷《ごう》で構成されている。郷はいまでいう行政区で、税の徴収や公共事業にともなう労働編成など、郡内の行政をおこなううえでの単位となった。『和名類聚抄』には、行方郡に吉名《よしな》・大江《おおえ》・多珂《たか》・子鶴《こづる》・真敂《まぶき》・真野《まの》の六郷があったことが記されている（**図2**）。これらの郷名に一致する地名の分布から、行方郡は現在の南相馬市《みなみそうま》にほぼ相当する領域をもっていたと考えられる。

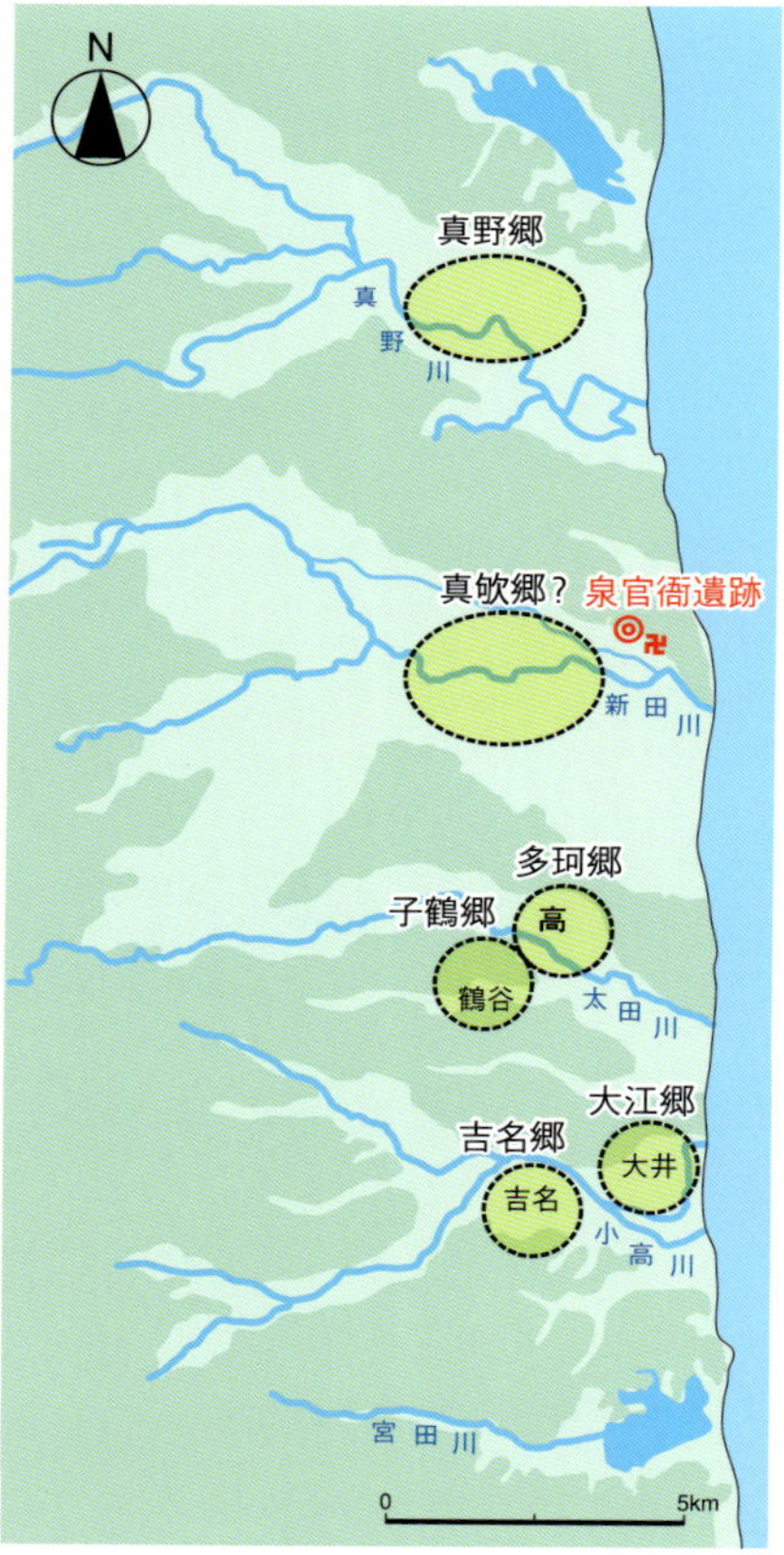

**図2 ● 行方郡内の郷**
行方郡の郷は「吉名」＝吉名郷、「大井」＝大江郷、「高」＝多珂郷のように、現在も残る地名から、だいたいの位置を推定できる。

## 国の役所と郡の役所

さて、国には国の行政機能を果たした役所である国府《こくふ》、郡には郡の行政を担う郡衙《ぐんが》（郡家《ぐうけ》）

がおかれた。陸奥国の国府は有名な多賀城《たがじょう》である。国の役所には、中央からの派遣官である国司《こくし》が赴任し、執務をおこなったのに対し、郡の役人である郡司《ぐんじ》は、在地の有力者が任命された。泉官衙《いずみかんが》遺跡は、陸奥国行方郡の政治・行政の中核となった役所、郡衙である（図３）。

国府や郡衙のような地方官衙は、律令制にもとづく社会の仕組みが成立したこの時代に特有のものである。律令国家の地方支配を遂行するため、地方官衙はさまざまな行政実務をおこなった。したがって、その遺跡には、この時代の特質が反映されている。一方、遺跡は地域のなかに存在するものであり、地方官衙遺跡は当時の地域社会の実態をもあらわしているはずである。地方官衙の施設や、それをめぐる人びとの営みをできるだけ詳細に、具体的に復元することが、当時の社会の本質的なあり方を明らかにする第一歩となる。

本書では、律令制下の東北という時代・地域的な背景のなかで、陸奥国行方郡という一つの地域が、どのように形成され、発展し、そして衰退したのか、泉官衙遺跡を中心に据えて、考古学からの解明にとり組みたい。

## ２　伝説の地、泉に眠る遺跡

### 長者屋敷の伝説

福島県南相馬市《みなみそうまし》原町区《はらまちく》の字宮前《みやまえ》・寺家前《てらけまえ》を中心とする地域には、建物の土台となった礎石《そせき》がそこかしこにみられ、古瓦《こがわら》・炭化米《たんかまい》の出土することが古くから知られていた。幕末から明治に

図3 ● 泉官衙遺跡全景

かけて編纂された、この地方の地誌である『奥相志《おうそうし》』には、ここに泉長者《いずみちょうじゃ》の屋敷が所在したとする伝説が記録されている。

伝説は、この地に残された多数の礎石を、かつてここに住んでいた長者の屋敷や米倉の跡とする。武蔵坊弁慶《むさしぼうべんけい》が義経に従って奥州《おうしゅう》に下向する際に、ここを通りかかり、長者のりっぱな屋敷をみて、いずれ天下に害をなすからと屋敷に火を放った。長者の屋敷や米倉は焼け落ち、そのため炭化した米が土の中から出るのだと伝えている。

## 寺院遺跡から官衙遺跡へ

礎石式の建物や瓦は、飛鳥《あすか》時代に伝来した仏教とともに、寺院建築の技術として伝えられた。したがって、古代では瓦葺《かわらぶ》きで礎石式の建物は、多くが寺院の堂宇《どうう》だった。屋敷や一般の民家に礎石や瓦を用いるようになるのは、ずっと後の時代になってからのことである。このことから、泉官衙遺跡も古代の寺院跡と考えられていた。

一九五五年一二月二七日、地元泉《いずみ》に住む佐藤二郎《さとうじろう》・佐藤助信《すけのぶ》両氏（図4）の尽力で、この宮前・寺家前一帯約四万九〇〇〇平方メートルが県の史跡に指定され、「泉廃寺跡《いずみはいじあと》」の名称でよばれることとなった。

なお、遺跡東端に位置する舘前《たてまえ》も、特異な文様をもつ古瓦が出土する土地として古くから知られており、内藤政恒《ないとうまさつね》氏・竹島國基《たけしまくにもと》氏をはじめとする研究者の注目するところとなっていた。この舘前出土の古瓦二五点と円面硯《えんめんけん》一点は、舘前に在住してこれらの瓦を採集した新妻好氏・高野納音氏や佐藤二郎氏・佐藤助信氏のはからいにより、「泉廃寺跡出土瓦」の名称で、一九五六年九月四日に、県の重要文化財に指定されている。

一九六五年には、西哲雄《にしてつお》氏・大迫徳行《おおせこのりゆき》氏を顧問とする県立原町高等学校郷土史研究クラブにより、県史跡内に群在する礎石のボーリング調査と一部の発掘調査が実施され、礎石建物跡の規模と配置がはじめて明らかにされた。

この後、一九九四年に、この泉を含む高平《たかひら》地区の県営圃場《ほじょう》整備事業が開始されることとなる。県史跡「泉廃寺跡」を含む周辺の土地が、その施工対象となり、これをきっかけにして、遺跡の本格的な調査が開始されることとなった。それまでは、地上に姿をあらわしていた礎石から、字宮前と寺家前の一部が史跡として把握されていたが、地下に埋もれた遺構を発掘した結果、史跡指定地を中心に、西から字町池《まちいけ》・宮前・寺家前・町《まち》・舘前にまたがる広い範囲が、一連の遺跡として把握できることが判明した。また、調査が進むにつれて、発見される建物の特徴が寺院とは異なり、古代の行方郡の行政を担った官衙、つまり役所の跡であることが、しだいにわかってきたのである。

図4●佐藤二郎氏（左）と佐藤助信氏（右）

# 第2章　全貌をあらわした郡庁院

## 1　郡庁院の発掘調査

### おびただしい柱穴

二〇〇〇年八月一日から二日間、泉官衙遺跡（**図5**）第一四次発掘調査の現場を会場にして、福島県が主催する「発掘技術者研修会」が開催された。当時、福島県の職員であった木本元治《きもともとじ》さんが、県内各市町村の埋蔵文化財担当者や教員に、掘立柱《ほったてばしら》建物の調査法について指導をされていた。わたしが泉官衙遺跡の発掘現場にはじめて立ったのも、この日である。

一〇〇〇平方メートルほどの調査区のなかに、おびただしい数の柱穴《ちゆうけつ》がならんで確認されていた（**図7右**）。掘立柱建物は、柱を立てるための柱穴（掘方《ほりかた》）を地面に掘り、柱の根元を掘方のなかに埋めることによって立てられる（**図6**）。日本古代の建築は木造であり、柱やその他の部材は、通常は長い年月のあいだに腐ってなくなってしまう。発掘調査でみつかるのは、

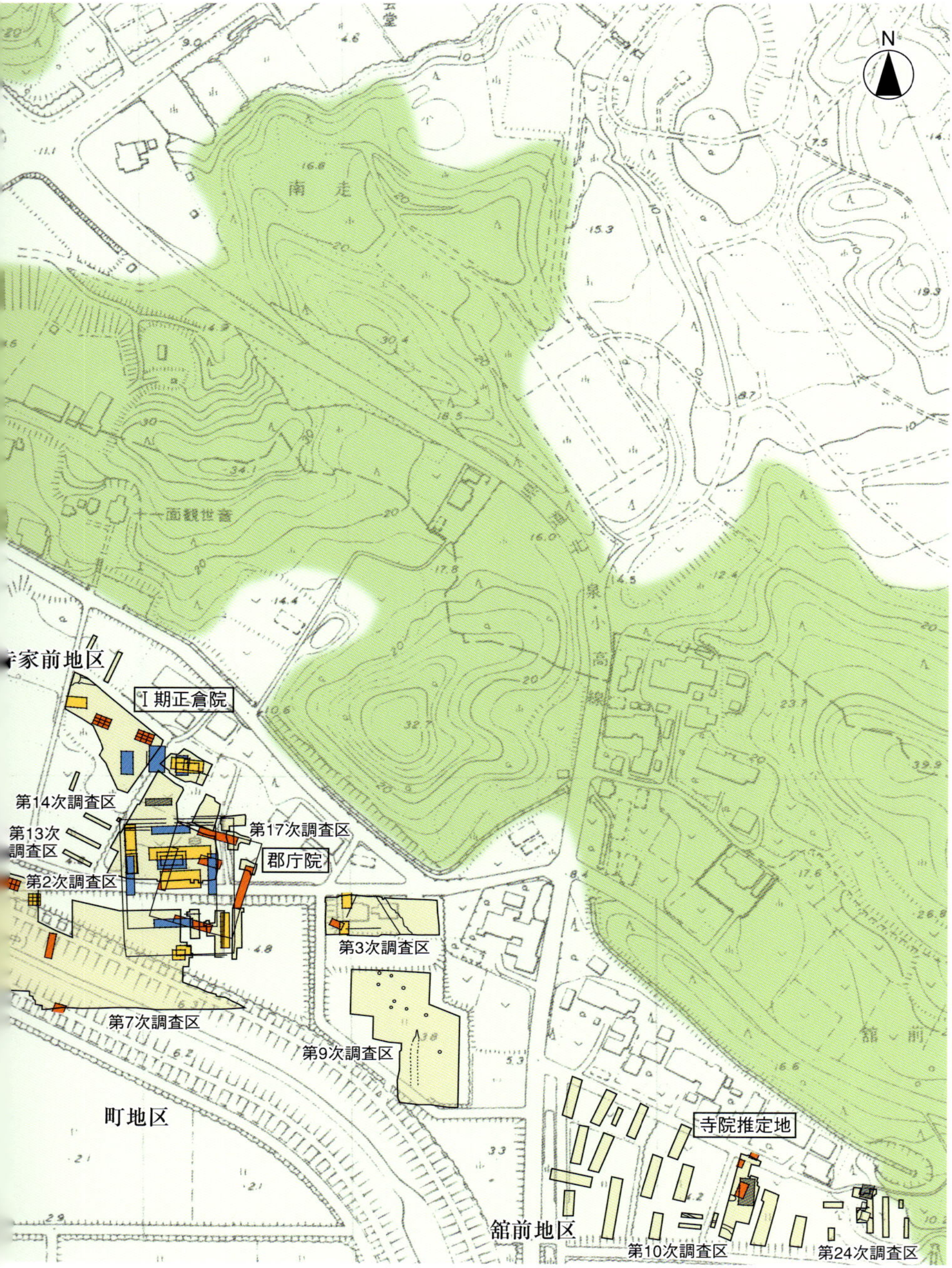

N
南走
十一面観世音
泉・小高線
舘前
家前地区
Ⅰ期正倉院
第14次調査区
第13次調査区
第17次調査区
郡庁院
第2次調査区
第3次調査区
第7次調査区
第9次調査区
町地区
寺院推定地
舘前地区
第10次調査区
第24次調査区

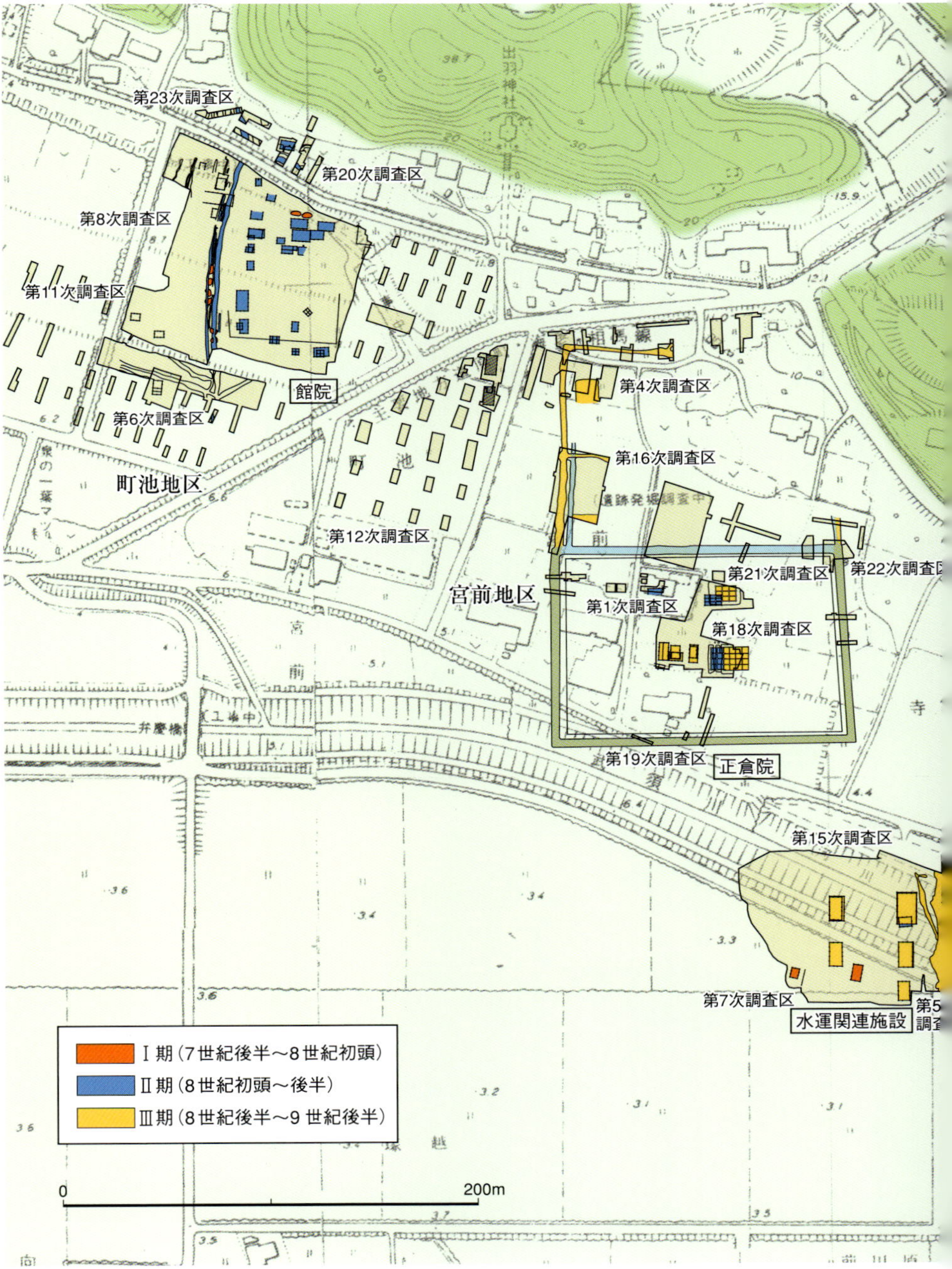
第23次調査区
第20次調査区
第8次調査区
第11次調査区
館院
第6次調査区
町池地区
第4次調査区
第16次調査区
第12次調査区
宮前地区
第1次調査区
第21次調査区
第22次調査区
第18次調査区
第19次調査区
正倉院
第15次調査区
第7次調査区
水運関連施設
Ⅰ期（7世紀後半～8世紀初頭）
Ⅱ期（8世紀初頭～後半）
Ⅲ期（8世紀後半～9世紀後半）
0
200m

図5 ● 泉官衙遺跡

この柱掘方である。これが建物の形に四角く並んでいるのがみつかると、そこにかつて建物があったことがわかるのである。

　掘立柱建物は数十年たつと、柱の根元が腐ったり傷んだりしてくるので、建て替えがおこなわれる。建て替えに際しては、古い時期の柱を抜きとるか、地上に出ている部分を切りとるかしたうえで、新しい掘方を掘り、新たに柱を立てる。このとき、新しく建てられる建物の掘方が、古い建物の掘方を壊して掘り込まれることもある。これがくり返された結果、たくさんの掘方が重複することとなる。

　休憩時間には、木本さんが過去に参加された有名な泉崎《いずみさき》村関《せき》和久《わく》官衙《かんが》遺跡（白河郡衙）の調査時の体験談に花が咲いた。

「平面の精査で、四時期の建物跡が重複すると判断して断ち割ったら、下層から掘方が三つ出てきたんだ。もうグチャグチャなんだよ……」

　古代に存在し、機能していた建物が、その機能を失って廃絶し、雑然と地中に埋もれた状態が遺跡である。「グチャグチャ」になって発見されるそれらを一つ一つ解きほぐし、記録していく基礎的な作業が、ここに存在した施設の往時の姿を知る

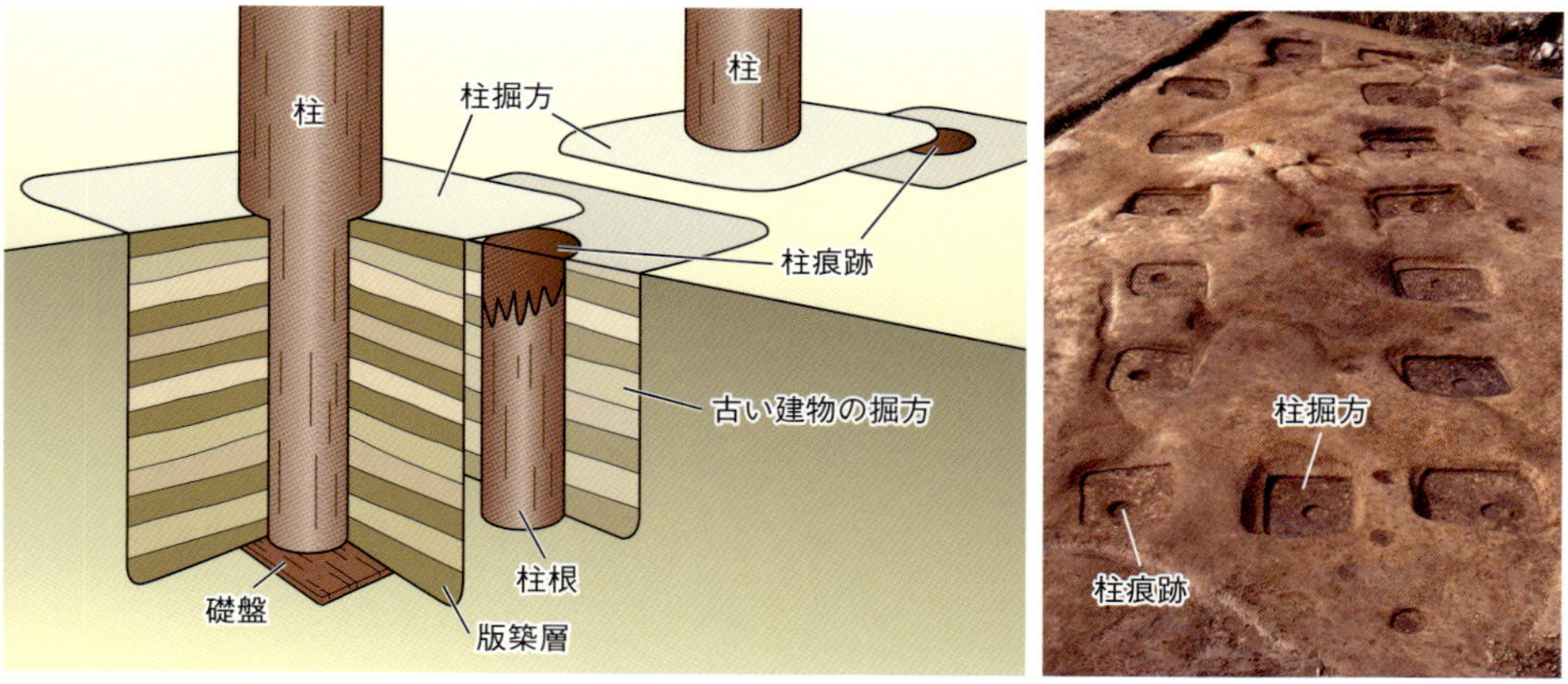


**図6 ● 掘立柱建物の柱穴**
右の写真では、柱を立てるために埋めた土（掘方埋土）と、柱が腐ってなくなった後に堆積した土（柱痕跡）の違いが明瞭である。

ための最初の仕事だ。

この現場も、木本さんの話のようになるだろう。それでもわたしは、この遺跡の全容を必ず明らかにしようとひそかに覚悟を決めた。

## 西脇殿の調査

調査区の西端では、柱掘方が南北方向に一列に並んだ「一本柱列」がみつかっている。一本柱列は、調査区の北部で東へ折れ曲がってつづいていく。通常の建物であれば、柱掘方は建物の外周に沿って四角く並ぶ。一方、柱穴が一列に並んだ一本柱列は塀であり、塀によって区画された施設と考えられる。今回の調査区は、その西北部にあたるようだ。

五年前の一九九五年には、今回の調査区の南側部分で第二次調査が実施された（**図7左**）。この第二次調査区では、南北に走る一本柱列が二列発見され、一方は南端で東へ折れ曲がって、東西に長い建物に連結していることが判明していた。この第二次調査のときから現地で指

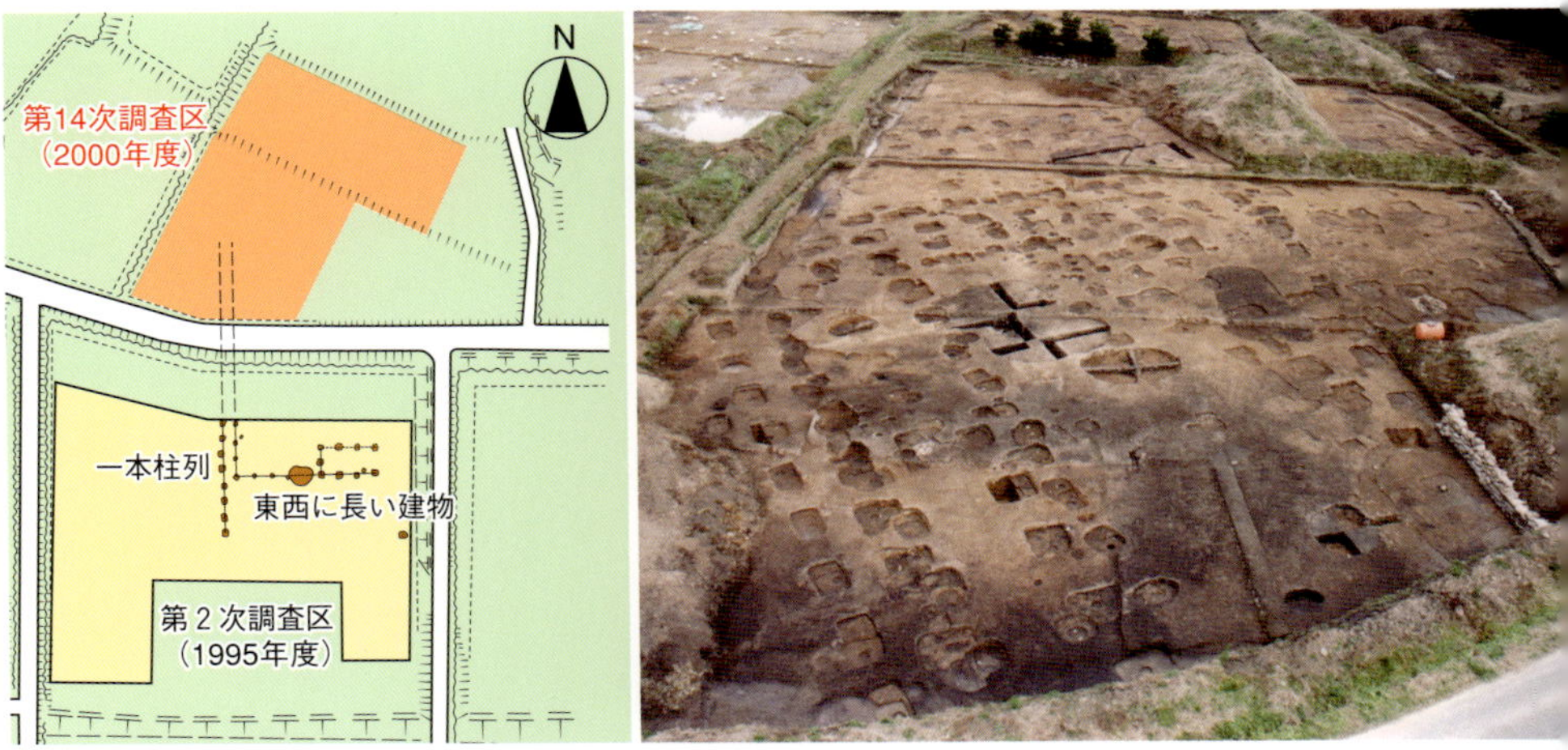


**図7 ● 1995年の第2次調査区と2000年の第14次調査区**
第2次調査では、北へ向かってのびる2列の一本柱列が確認され、第14次調査は、そのつづきを確認するために実施された。右は第2次調査区からつづく一本柱列のほか、無数の柱穴が検出された第14次調査区。

導している岡田茂弘《おかだしげひろ》先生は、発見された区画が官衙の中枢である政庁《せいちょう》の西南部にあたることを指摘していた。第一四次の調査で確認された一本柱列は、その北側延長部分にあたる。

官衙の政庁の建物配置は、方形の区画の東と西の辺に縦に長い建物をおき、区画の中央北寄りに中心となる大型の建物をおいて、これらの建物で広場を囲み、南を向くコの字形となる場合が多い。政庁は、役人が集まって儀式をおこなう空間だからだ。区画の東・西辺の建物を脇《わき》殿《でん》、中央の大型建物を正殿《せいでん》などとよぶ。このほかに政庁の建物配置には、東西南北の四辺に建物をロの字形に配置する例など、いくつかのバリエーションがある。

コの字形の建物配置とすると、この調査区に存在した建物は西脇殿ということになる。

## 郡庁院西北部の遺構変遷

一本柱列による区画の内側では、数多くの柱掘方が並び、重なり合っている。塀の内側に掘立柱建物が建てられ、これがくり返し建て替えられたことがわかる。区画の西北部は、その重複がとくに激しい部分だった。

掘方の上面が平らになるように、ていねいに削り、土の色の違いがきれいにあらわれるようにして、一つ一つの掘方に柱痕跡や柱抜きとり痕跡を探し、重複のある掘方では先後関係を検討した。その判断ができた掘方は、数センチ段をつけて一目で先後関係がわかるようにしておいた。このようにして郡庁院《ぐんちょういん》西北部の建物の変遷を整理した（図8）。

まず、南北に長く、掘方がほかより大きい建物がある。これを仮に、建物B1とよんでおこう。

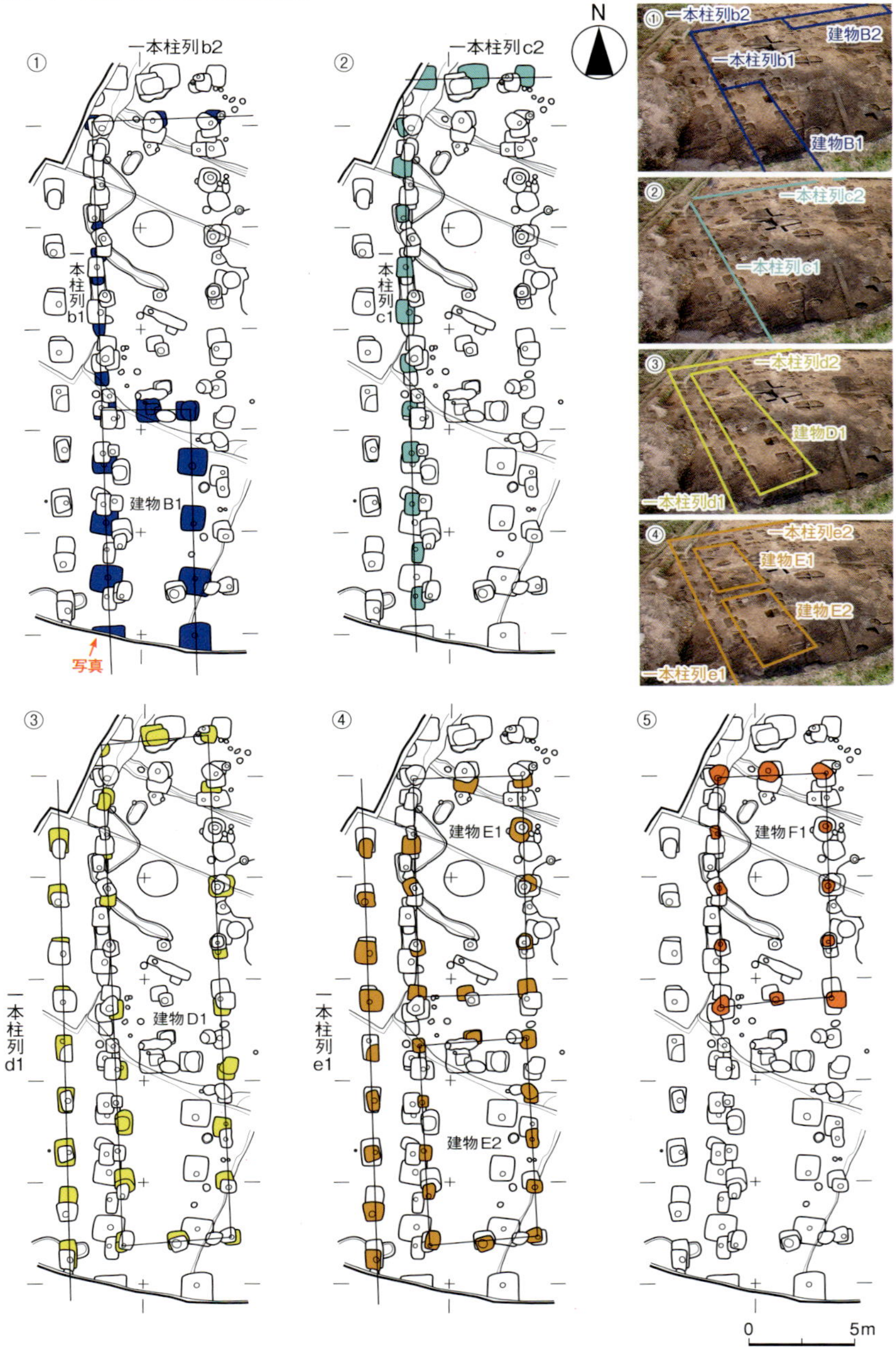


図8 ● 郡庁院西北部の遺構変遷

発掘調査で建物の跡がみつかっても、その建物の名前を当時の人がなんとよんでいたか、わからない場合のほうが多い。正殿、脇殿などの呼称も便宜上のものだ。建物の名前は後に明らかにすることとして、しばらく、この無味乾燥な名前を我慢して読み進めていただきたい。

この建物B1には、一本柱列b1が接続する（図8-①）。この柱列は北へのび、東へ折れ曲がって、一本柱列b2につづき、東西に長い建物B2に連結する。この状況は、南側の第二次調査で確認された東西棟の建物に一本柱列が接続している状況と同じだった。これらは一連の施設と考えてよい。

つぎに、これらより新しく、ほかの建物の掘方より古い一本柱列c1が存在する時期（図8-②）。この柱列は、やはり東へ折れ曲がって、建物B2の北側で確認されていた東西に走る一本柱列c2に連続すると考えられる。そして、一本柱列c1の掘方を壊して掘り込まれた柱掘方は建物跡で、建物D1→建物E1・E2→建物F1の順に変遷する（図8-③〜⑤）。なお、これを囲むように一本柱列d1が位置している。南側の第二次調査区で、その延長部分が確認されている。

建物の重複が著しいのは、新しく建てられた建物が、古い建物の位置を踏襲《とうしゅう》して建て替えられたからである。建物B1と一本柱列b1の西辺柱列の位置を踏襲して一本柱列c1が、さらにその位置を踏襲して建物D1、E1・E2、F1などが建てられた。はじめに建てられた建物B1と一本柱列b1の西辺のラインが、その後、連綿と踏襲されて、施設の建て替えがおこなわれたのである。その結果、柱掘方がはげしく重なり合うこととなった。官衙遺跡の調査ではめずらしくないことだ。

## 正殿の発見

区画西北部での調査の一方、調査区の東南部に位置する部分でも、掘立柱の掘方と思われる遺構が確認されていた（図9）。一辺一・五メートルもある大きな掘方のまわりに、小さめの掘方が方形にめぐっている（建物B）。庇《ひさし》付きの建物だ。この建物の位置する部分は、一本柱列による区画の中央にあたる可能性が高い。その位置に、庇をもつ格式の高い建物があれば、政庁のなかでも中心的な建物である正殿《せいでん》と考えて間違いない。また、この建物は、身舎《もや》の北側柱列の柱筋が、先の建物B1の北側柱列と揃う。

いくつかの建物跡が発見された場合、それらの先後関係とともに、同時に建っていた建物はどれなのかを明らかにする必要がある。官衙では、同じ時期に建っ

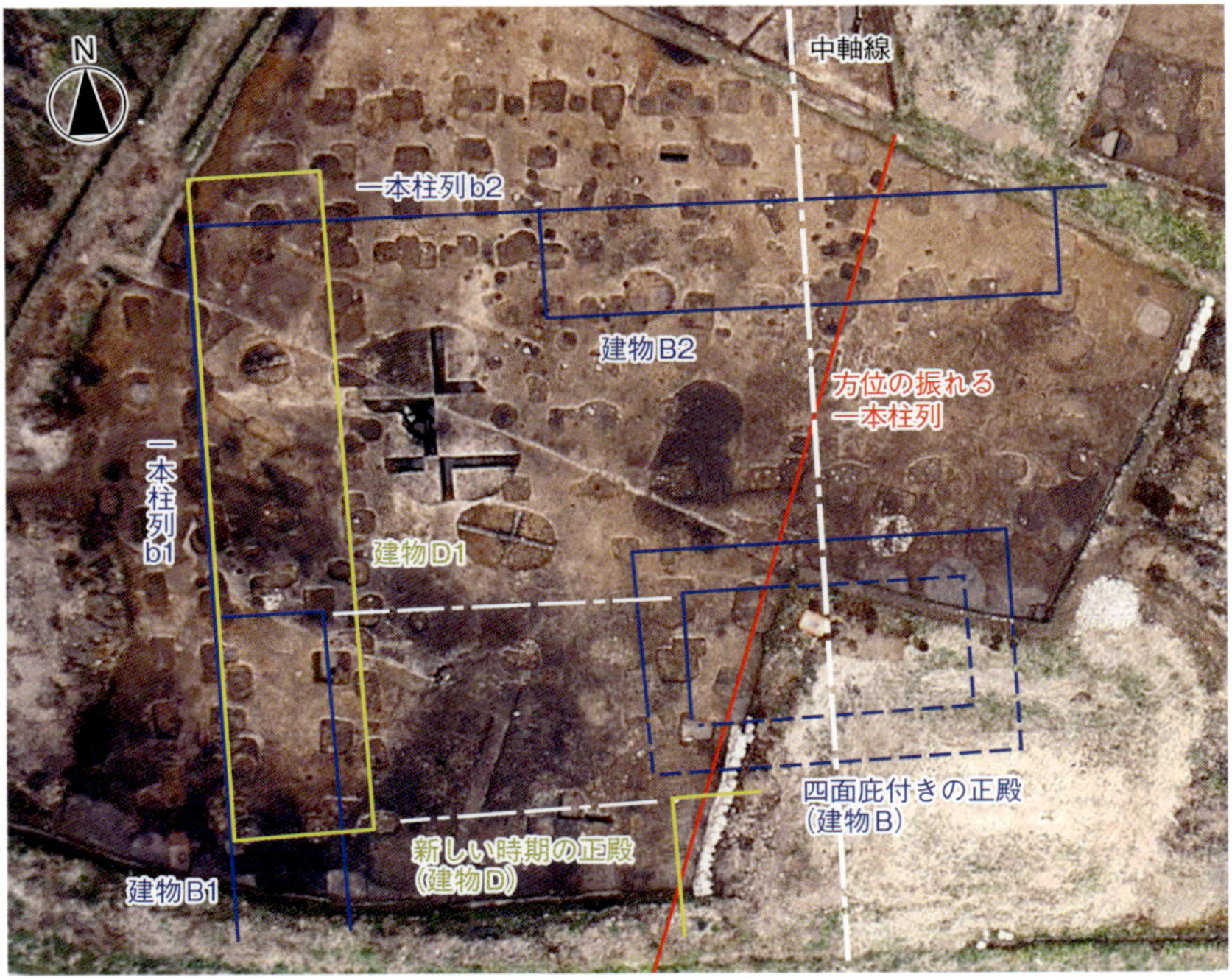


図9 ● **柱筋を揃えた建物**
青線で示した建物、黄線で示した建物はそれぞれ柱筋（白線）が揃うことから、同時期に存在したと考えられる。方位の異なる一本柱列（赤線）もみつかった。

ていた建物が、一連の計画で配置されている場合が多い。たとえば、ある建物の柱穴を結んだ線を延長していくと、離れた位置にある別の建物の柱列の線にうまく重なることがある。わたしたちはこれを、「柱筋が揃う」といっている。それぞれの建物の柱筋が揃う場合、それらの建物が一連の配置計画で建てられていることがわかり、同時期に存在した可能性が高くなる。同時期に建っていた建物を抽出し、施設の配置計画を解明するのは、官衙遺跡を調査するうえでの醍醐味の一つだ。

建物Bは、大半が調査区外にかかるが、桁行四間の身舎の四面に庇のつく構造と想定すると、北側にある建物B2と中軸線を揃えていることになる。これと塀で連結される建物B1が西脇殿、区画の中心にある東西に長い建物Bが正殿となり、同じ時期に建っていたと考えられる。

## もう一つの正殿

さらに、建物Bの南側に近接して、柱掘方二基が確認されていた（建物D）。これがあることによって、建物Bの南側の柱列が失われ、位置がわからなくなっている（図9）。この二基の掘方は建物の西北部にあたり、その北側柱列の線を西にのばしていくと、建物D1、E2などの南側柱列にのる。したがって、この掘方は、西脇殿《にしわきでん》のなかで新しい時期の建物に対応する正殿の可能性が高い。しかし建物のほとんどは調査区外にあり、全体像は不明である。

### いちばん古い区画

さて、正殿と推定されるこれらの建物と重複し、これより古い一本柱列もみつかっていた（図9）。一本柱列は、それまでみつかっていた方位を東西南北に揃えた正方位の建物や塀とは異なり、建物の角度が一六度三〇分東に傾いている。造営計画が違うのだ。掘方の重複関係から、東に傾くほうが古く、正方位の施設に先行する区画があったと考えられる。調査区内にかかった一本柱列は区画の西辺にあたり、大部分は東側の未調査部分に広がっているようだ。

正殿の構造とともに、このもっとも古い区画の解明は、次年度に持ち越しとなった。

## 2　郡庁院の全貌に挑む

### 特異な基礎構造の正殿

翌二〇〇一年に実施した第一七次調査では、第一四次調査での課題を解明すべく、郡庁院の東側部分の調査をおこなった。

第一四次調査区の東側で実施したこの調査で、二棟の正殿の全容を把握することができた。前年に予想したとおり、建物Bは桁行《けたゆき》四間、梁行《はりゆき》二間の身舎の四面に庇がつく（図10）。一方、これより新しい正殿はどうか。

前年、検出した部分から東側へ精査をつづけた結果、新しいほうの正殿（建物D）は桁行五間、梁行三間以上と判明した（図11―①・②）。南側は調査区外の道路の下にあって調査できない。東西の柱間は西から四・二、三・六、三・九、三・六、四・二メートルとなる。桁行総長は一九・五メートル。柱間が一〇尺（約三メートル）を超えるのは、官衙の建物としてはとくに大型といえる。柱間は等《とう》間《ま》ではなく、脇間《わきま》がやや広く、中央の三間がやや狭くとられている点も郡衙ではあまり例がない。

特異な点は、ほかにもある。柱掘方のいくつかは長軸二・五〜三メートルもある楕円形で、異常に大きい。柱痕跡も直径五〇センチほどで太い柱が想定される。断ち割った結果、掘方の底に長さ〇・五〜一・八メートルの丸太材が筏状に敷き並べられた状態で出土した（**図11-③**）。これは、柱が建物の重みで沈下するのを防ぐための礎盤《そばん》であろう。また別の掘方では、同じく沈下防止のために、拳大から人頭大の川原石が敷き詰められており、掘方はそれほど大きくない。大きな掘方は、この礎盤を埋設するためのものであったこと、柱によって根固《ねがた》めの方法が異なることが判明した。

**図10 ● 四面庇の正殿**（建物B、西から）
大型の掘方は4×2間の身舎の柱穴、その周囲をめぐるやや小さい掘方は庇のものだ。建物の構造は図20を参照。

## Ⅰ期の政庁

正殿の構造とともに、前年度からの課題のひとつが、方位が東に振れる一本柱列の存在である。柱掘方の精査・検討の結果、主軸方位を東に振る細長い建物（A1）が、一本柱列に連結する構造となっていることが判明した。これは、前年度に検討した建物B1・B2のような細長い建物を区画の各辺に配置し、これを一本柱列で連結した構造とまったく同じではないか。つまり、主軸方位は違うが同じ建物配置をとる政

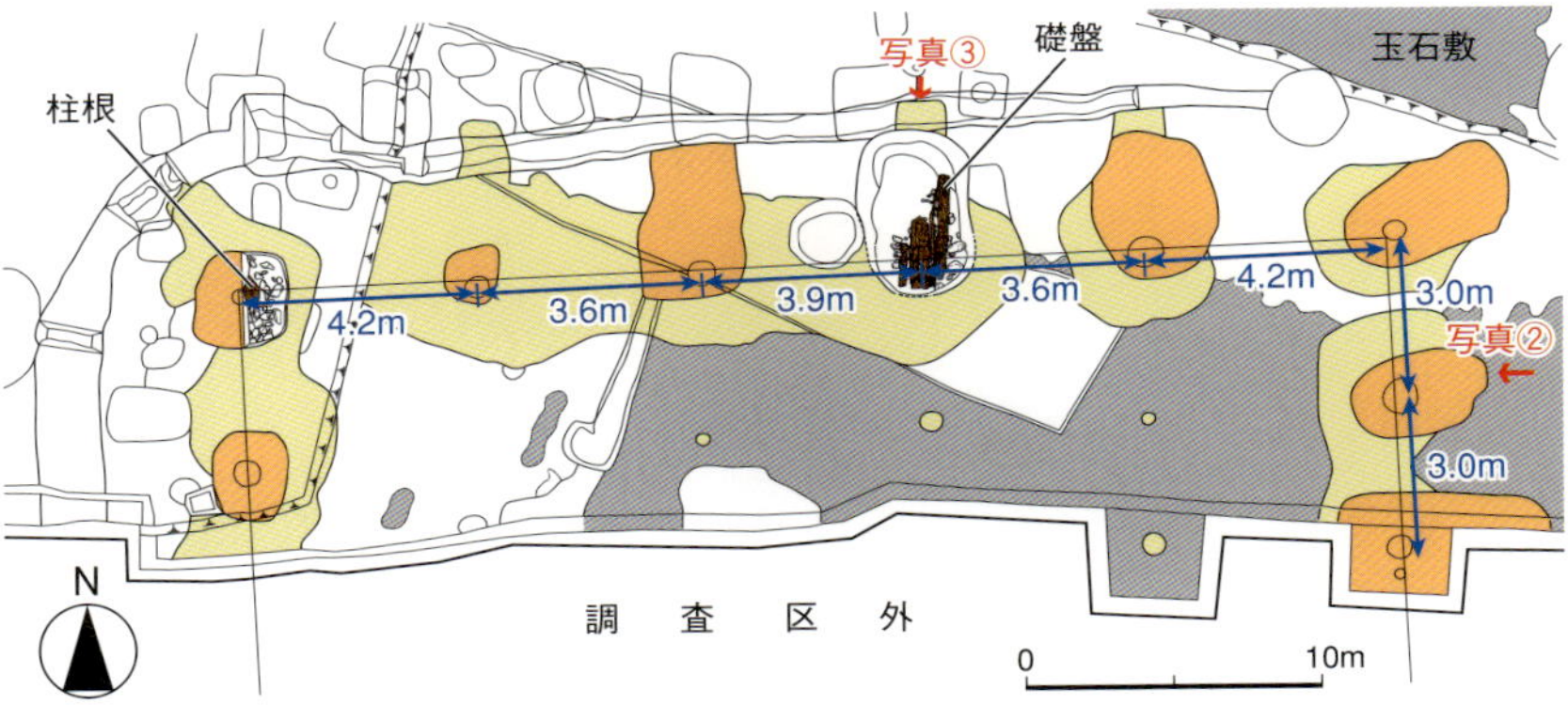

①建物Ｄ平面図

②建物Ｄ検出状況（東から）

③礎盤出土状況

図11 ● 新しい時期の正殿

庁の施設が、もう一時期存在することが予想された。確認した建物は、位置関係から考えて西脇殿である。この古い時期の区画の構造は、郡庁院全体の変遷を考えるうえで、必ず解明しなければならない課題だ。建物配置が同じならば、現在確認されている部分から、他の建物の位置も推定が可能となる。

他遺跡の調査例や先行研究を参照しながら予測を立てる。そして、図面上で建物の存在する位置を想定し、地権者に頼んで、建物の存在が推定される部分に調査区を設定した。その結果、予想どおりの位置で、区画の北辺・東辺・南辺に配置された細長い建物の柱掘方を確認することができた（図12）。

## 玉石敷は自然か人為か

正殿の周囲には、一～一〇センチほどの川原石による礫層《れきそう》が広がっている（図13）。層の厚さは三～一〇センチほど。当初はこの礫層が人為的なものか、また郡庁院の施設と関連するものか、よくわからなかった。

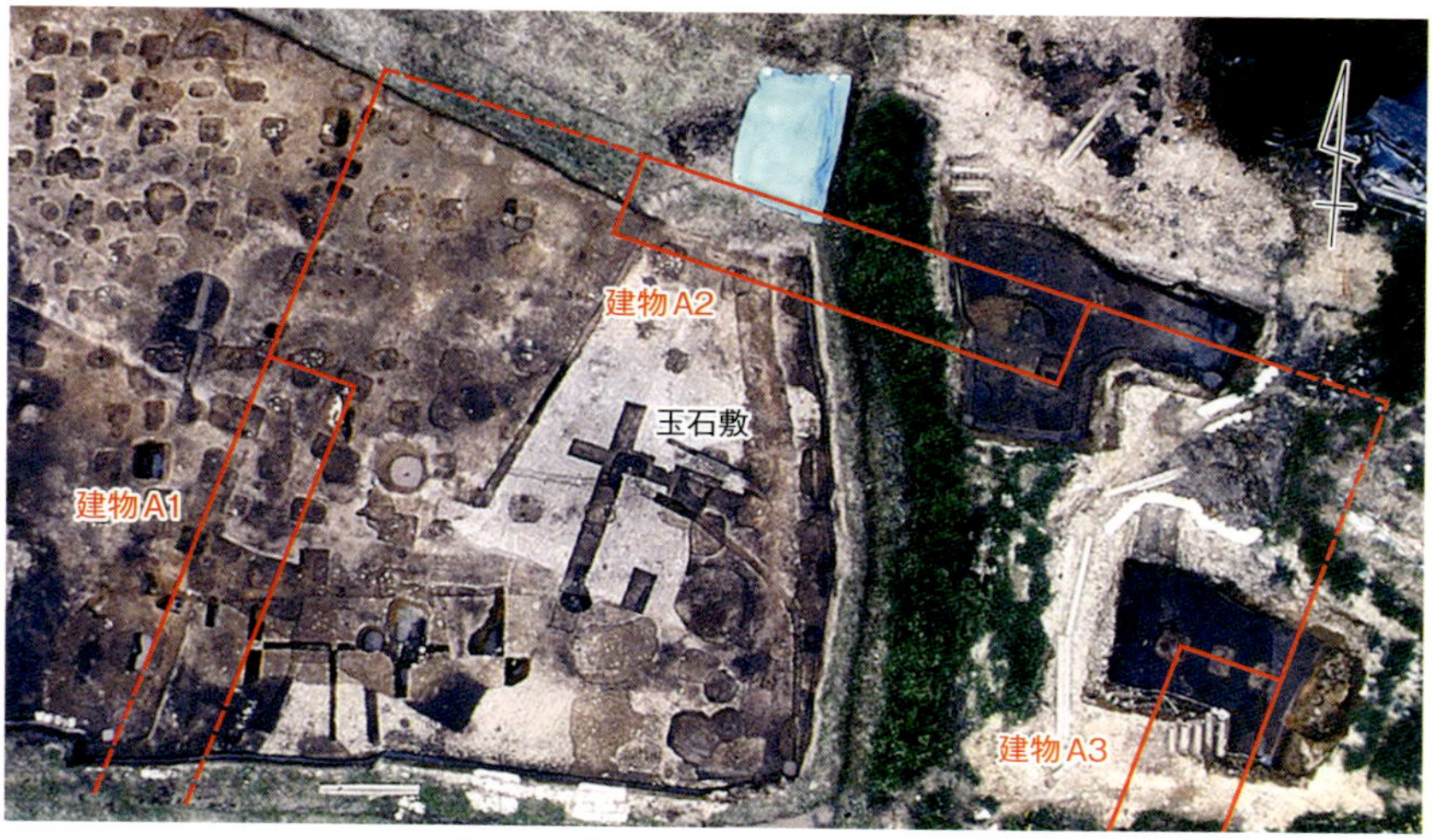


**図12 ● 方位の振れる一本柱列（塀）と建物**
西辺の一本柱列と建物（A1）を手がかりに、北辺（A2）と東辺（A3）の建物を確認した。

礫層の下層には、部分的に黄褐色土主体の薄い層がある。これは人為的な整地層と推定した。また先に検討した建物Dは、この川原石の層を掘り込んでつくられていることから、礫層はこの建物より古い。さらに、礫層は建物Bが位置する部分には広がらず、建物の位置を避けるように、建物のない空閑地に分布している。礫層は人為的なもので、建物Bを正殿とする時期に、区画内が川原石で舗装された玉石敷《たまいしじき》となっていたのではないか。

類例を調べたが、多賀城をはじめ、国レベルの官衙の政庁では石敷をともなう例があるが、郡衙の政庁では初の例となった。国衙に劣らぬ玉石敷をともない、整然と柱列が並ぶ政庁をみて、現地を訪れた福島県考古学会副会長（当時）の鈴木啓《すずきけい》先生は、「まるで石城国衙《いわきこくが》だね」と感想を述べられた。

最近では、群馬県太田市天良七堂《てんらしちどう》遺跡（上野国新田郡衙《こうづけのくににったぐんが》跡）の郡庁院で玉石敷がみつかっている。天良七堂遺跡の郡庁院の区画は一辺八六〜一〇六メートルで、国衙政庁にも匹敵する規模をもつ。玉石敷をともなう郡庁はどのような意味をもつのか。鈴木先生の一言は、新たな問題を提起することとなった。

## 下層にも正殿があった

さて、主軸方位が東に振れるもっとも古い時期の政庁が、後の

図13●玉石敷の検出状況

政庁と同じ構造をとるならば、区画の中央北寄りに正殿があるはずだ。それらしき位置には玉石敷があって、よくわからない。しかし、玉石敷が後世の掘削で失われている部分に、いまだ性格不明の掘方が三基ほど見えていた。他の掘方は、玉石敷の下層にあると考えられる。重要な部分は、はじめはいつもほんの少し顔をのぞかせているだけだ。

再び現地に来ていただいた岡田先生と協議し、意を決して、玉石敷にトレンチを設定し、掘り下げた。その結果、予想どおり、下層で柱掘方が確認された（**図14**）。他の建物との位置関係から、この建物は桁行四間×梁行二間で、四面庇付きの建物Bの身舎の部分とまったく同じ規模の建物に復元できる。こうして、大きく三時期にわたる政庁の規模・構造のほぼ全貌が解明された（**図15**）。

**図14 ● 玉石敷の下層からみつかった古い時期の正殿**（建物A）
東側（右）は調査区外にかかるが、真北を向く正殿である
建物Bの身舎部分と同規模の4×2間と推定される

**図15 ● 重複する郡庁院の遺構**（第14・17次調査区合成写真）
郡庁院は、同じ場所で主軸方位や規模・建物配置を変えながら長期間存続した。

## 3　郡庁院の構造と変遷

### 郡庁院の変遷

郡庁院は、主軸方位や全体の建物配置計画、区画や建物の規模などの点から、その変遷を大きくⅠ～Ⅲ期に区分できる（図16）。各期には、同位置での建て替えを基本とした小期がある。

**Ⅰ期**　建物の主軸方位が座標北（測量で使う北で真北に近い）から一六度三〇分前後東に振れる時期である。郡庁域の西・東辺に八×二間と復元される脇殿、南・北辺に七×二間の前殿《ぜんでん》と後殿《こうでん》を配置し、これらを掘立柱塀によって連結して東西四三×南北四九・八メートルの長方形の院を形成しており、その中央北寄りに四×二間の正殿（建物A）を配する。

**Ⅱ期**　Ⅱ期以降、施設の主軸方位が真北を向くようになる。Ⅱ期は四×二間の身舎の四面に庇をもつ建物を正殿とする時期で、a・bの二小期に区分できる。Ⅱ-a期の施設は、区画の中央北寄りに正殿（建物B）、東・西辺に脇殿、南・北辺に前・後殿を配し、脇殿および前・後殿が掘立柱塀によって連結される構造である。これはⅠ期の建物配置形式とほぼ同じであり、方位だけを真北に変更して建て替えたと考えられる。またこの時期は、区画内が玉石敷となっていたと推定される。区画の規模は東西四四・二×南北五〇・九メートルである。Ⅱ-b期は、a期の正殿が同規模で建て替えられて存続する（建物C）が、前殿・後殿・脇殿はともなわず、四辺に塀をめぐらせただけの構造となる。区画の規模はa期とほぼ同様で、東西四四・二×南北五二・七メートルである。

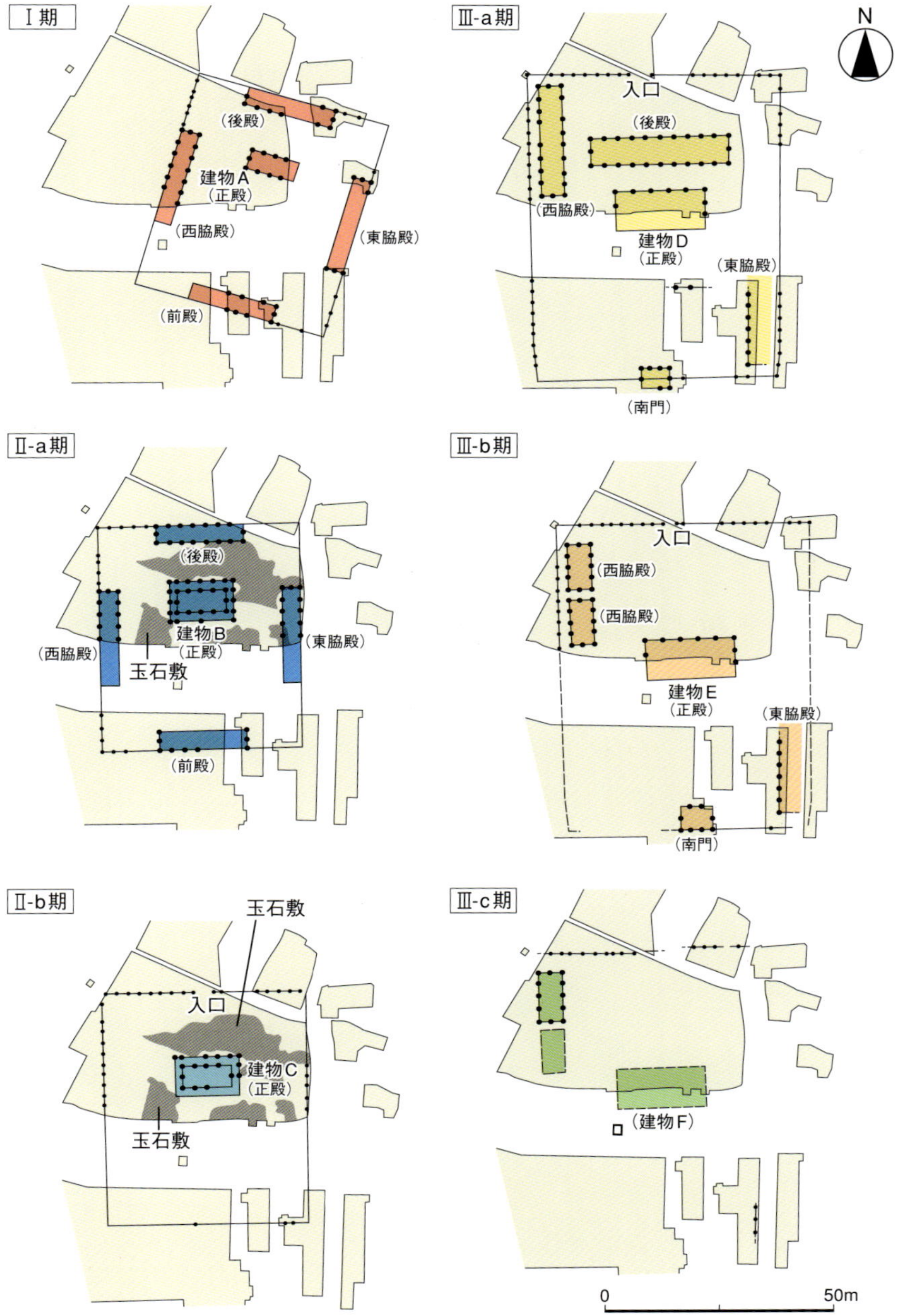
Ⅰ期
（後殿）
建物A
（正殿）
（西脇殿）
（東脇殿）
（前殿）
Ⅲ-a期
N
入口
（後殿）
（西脇殿）
建物D
（正殿）
（東脇殿）
（南門）
Ⅱ-a期
（後殿）
建物B
（正殿）
（西脇殿）
（東脇殿）
玉石敷
（前殿）
Ⅲ-b期
入口
（西脇殿）
（西脇殿）
建物E
（正殿）
（東脇殿）
（南門）
Ⅱ-b期
玉石敷
入口
建物C
（正殿）
玉石敷
Ⅲ-c期
（建物F）
0
50m

**図16 ● 郡庁院の変遷**

**Ⅲ期**　区画の規模や建物配置が大幅に改作され、大型化する時期である。区画の規模は、塀をめぐらせた東西五五・五×南北六七・六メートルとなり、南辺中央に三×二間の門がとり付く。建物配置は、区画の中央に五×三間の正殿（建物D）、その背後に一〇×二間の長大な後殿、北西側に西脇殿、南東側に東脇殿を配する略H字形ともいうべき配置をとる。Ⅲ期は、a〜cの三小期に区分することが可能で、郡庁院はこの構造でもっとも長く存続したものと考えられ、郡庁院の変遷のなかで最盛期と位置づけられる。

## 高度な造営計画

発掘調査では、一部の建物配置から、未調査部分に存在する建物の位置を予想し、新たな調査区を設定して、ほぼ想定どおりに建物を検出できた。郡庁院の建物配置がきわめて整然としたものであったため、予測が可能だったのだ。たとえば、Ⅰ期の郡庁院では、正殿の北側柱列と東・西脇殿の北側の妻《つま》（建物の短い辺）が柱筋を揃えている（**図17**）。また前・後殿は妻の柱筋を揃えて対面する位置にあり、前殿・正殿・後殿は中軸線を揃えて並列する。脇殿は、この中軸線を基準に左右対称に配置されている。正殿と前殿の建物間距離は二七・九メートルで、後殿と正殿の建物間距離九・三メートルの三倍の値を示す。

一方、Ⅱ-a期郡庁院では、正殿の北入側柱列《きたいりがわばしら》、つまり身舎の北側柱列と、東・西脇殿の北妻の柱筋がほぼ揃う。これは、正殿が庇をもたないⅠ期における正殿と脇殿の配置関係を、ほぼ正確に踏襲したものとみることができる。また、前・後殿は妻の柱筋を揃えて対面する位置にある点も、Ｉ期と同じだ。正殿の身舎、すなわち南入側柱列と前殿の距離は二七メートルで、正殿の北庇と後殿との距離九メートルの三倍の値となる。Ｉ期郡庁院を造営したさいの設計原理が、Ⅱ-a期政庁の造営において、忠実に踏襲されたことは明らかだ。

Ⅲ期は、建物配置がＩ・Ⅱ期と大きく異なっているが、やはり一定の原理に従って建物が配置されたようだ。正殿と後殿は互いに中軸線を揃え、正殿の北側柱列と西脇殿の南妻は柱筋がほぼ揃う。また、各建物の建物間距離をみると、正殿と後殿、後殿と西脇殿の距離が五・七メートル。また正殿と西脇殿、後殿と東辺一本柱塀の距離は一一メートルで、五・五メートル前後もしくはその倍数が、建物間距離の設定基準となっていた可能性が高い。

整然とした建物配置を実現させたのは、このような高度な造営計画が存在したからである。千年以上前の古代人の技術には驚かされる。

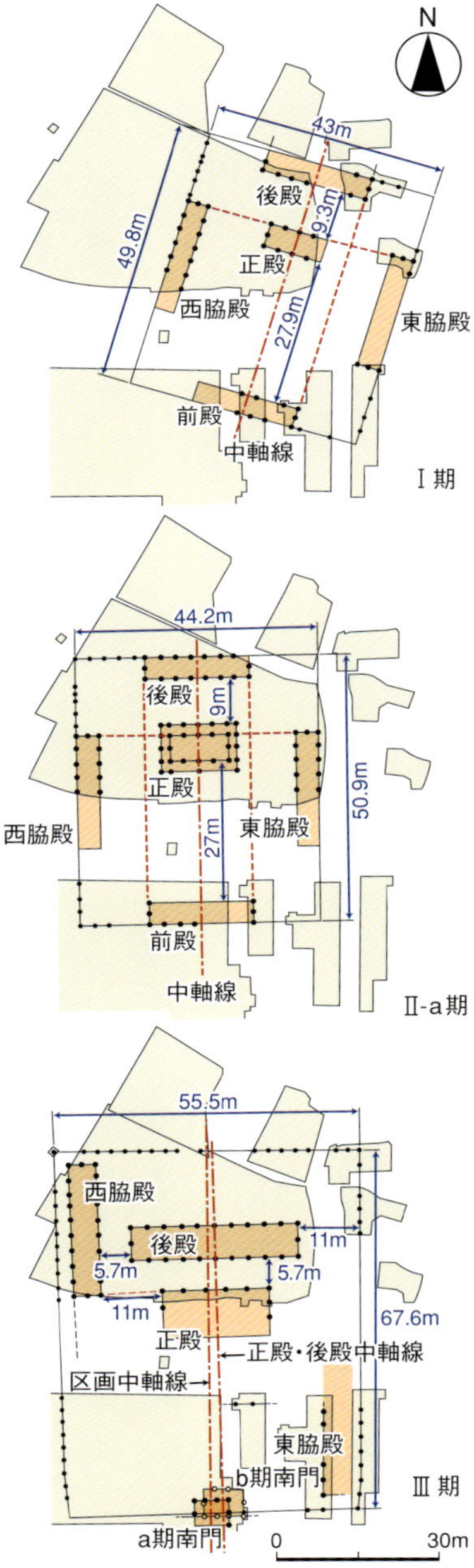

図17●郡庁院の造営計画

## 典型的な建物配置

「上野国交替実録帳《こうづけのくにこうたいじつろくちょう》」という古文書によれば、郡衙には「正倉《しょうそう》」・「郡庁《ぐんちょう》」・「館《たち》」・「厨家《くりや》」とよばれる施設があり、それらは「宿屋《やどや》」・「厩《うまや》」・「厨《くりや》」などとよばれた建物が、いくつか集まったものであったことがわかる（図18）。

上野国新田郡の項をみると、「郡庁」には「西長屋《にしながや》」・「南長屋《みなみながや》」・「公文屋《くもんや》」などが各一棟。頭に「東」のつく建物は「東長屋」、読めない文字のある部分は「北長屋」と考えられる。つまり、東・西・南・北に「長屋」を配し、中央に「公文屋」がおかれていた様子を復元できる。泉官衙遺跡の郡庁院のうちⅠ・Ⅱ期は、まさにこの配置と一致する。当時は、「西長屋」・「公文屋」などとよばれていたに違いない。

では、正倉や館など、他の官舎はどのような姿をしていたのか。次章でくわしくみてゆこう。

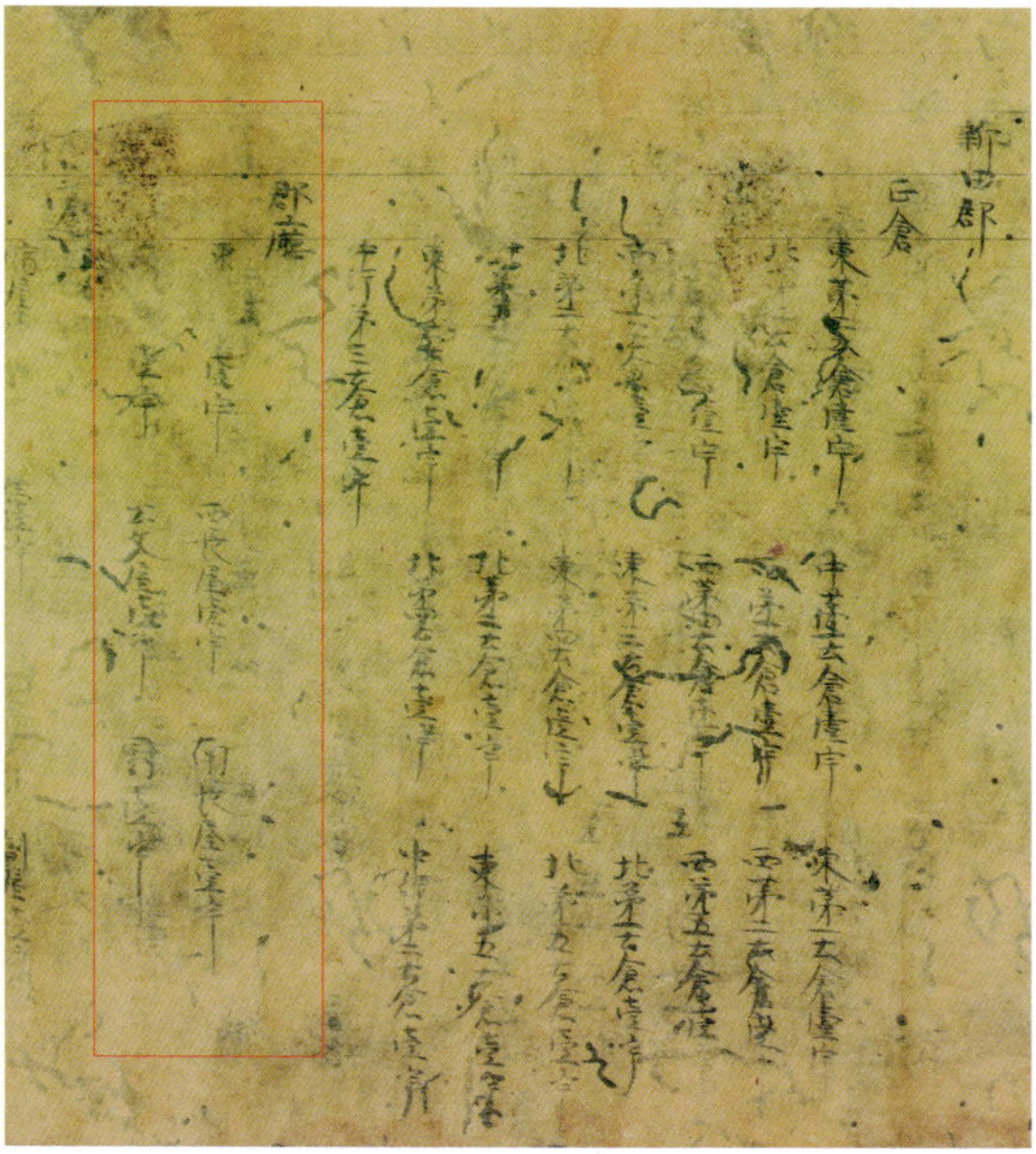

郡廳
東□□ 壹宇　西長屋 壹宇　南長屋 壹宇
□ 壹宇　公文屋 壹宇　厨 壹宇

図18●「上野国交替実録帳」の記載
写真は新田郡の郡衙の建物を示しており、赤で表示した部分に郡庁を構成した建物が記載されている。

# 第3章　地方官衙のさまざまな役割

## 1　正倉院──多様な基礎構造をもつ「倉」と「屋」

正倉院は郡庁院の西北部に位置し、一九五五年に県史跡指定を受けた範囲にほぼ相当する。この地区でおこなわれた発掘調査では、幅四メートル前後の大規模な溝によって敷地を長方形に区画した院が存在していることが判明した（図19）。また、院の内部では、掘立柱式や礎石式の建物が確認されている。

古代の掘立柱式ないし礎石式の建物は、建物の外周りだけに柱を立てた構造が一般的で、床を支える床束《ゆかづか》をもたないかぎり、通常は土間である。これを「側柱建物《がわばしらたてもの》」とよぶ。一方、建物の内側にあたる部分に、床を支える太い束柱《つかばしら》をともなう構造の建物を「総柱建物《そうばしらたてもの》」とよぶ。後者は高床式倉庫である場合が多い（図20）。なお、細い床束をもつ建物は「床束建物《ゆかづかたてもの》」という。

正倉院では、ほかの官衙院と異なり、発見される建物の多くが総柱式の高床倉庫である。当

**図19 ● 正倉院の調査状況**（東から）

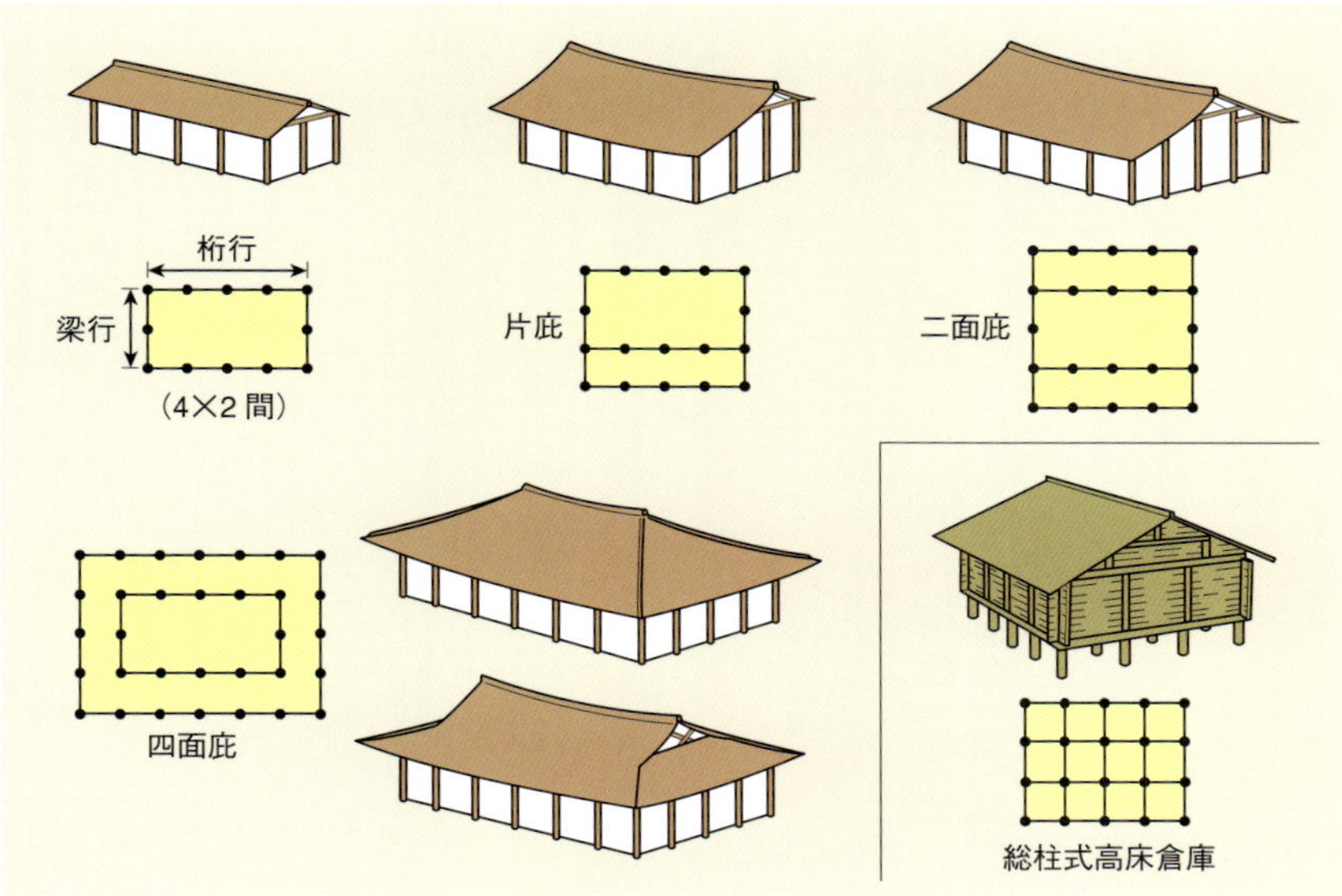


**図20 ● 側柱建物と総柱建物**

桁行（けたゆき）は建物の長辺、梁行（はりゆき）は短辺で、柱と柱の間（＝間〈ま〉）の数により、「4×2間」のように建物の大略の規模と構造をいいあらわす。

時は租《そ》・庸《よう》・調《ちょう》・雑徭《ぞうよう》などの税があった。そのうち、田の収穫物すなわち稲で納められた田租《でんそ》を、この高床式倉庫に収納したのである。

## 礎石建物の構造

溝による区画の内部の発掘調査では、これまでに建て替えも含めて、一七棟の建物が確認されている。そのうち礎石式の建物は八棟、掘立柱建物は九棟である。

礎石建物は、その建設にあたり、建物が建つ部分の地盤を固めるために、地面を掘って堅く突き固めながら埋め戻す掘込地業《ほりこみじぎょう》をおこなう。このような地盤固めをおこなったうえで、地面よりやや高く土を盛り上げた基壇《きだん》を構築する。基壇上には、柱の立つ位置に、礎石が安定するように根固め石を敷き、その上に礎石を据える（**図21**）。

礎石式の建物は、礎石がもとの位置から動かずに残っていれば、柱の立っていた位置がわかる。また、礎石が失われていても、礎石の下に敷いた根固め石がみつかれば、柱位置はわかる。一方、後世の削平が著しい場合は、礎石や根固め石が失われ、柱位置がわからなくなってしまう。しかし、掘込地業が確認されれば、そこに礎石式の建物跡があったことや、大体の大きさなどは推定が可能である。

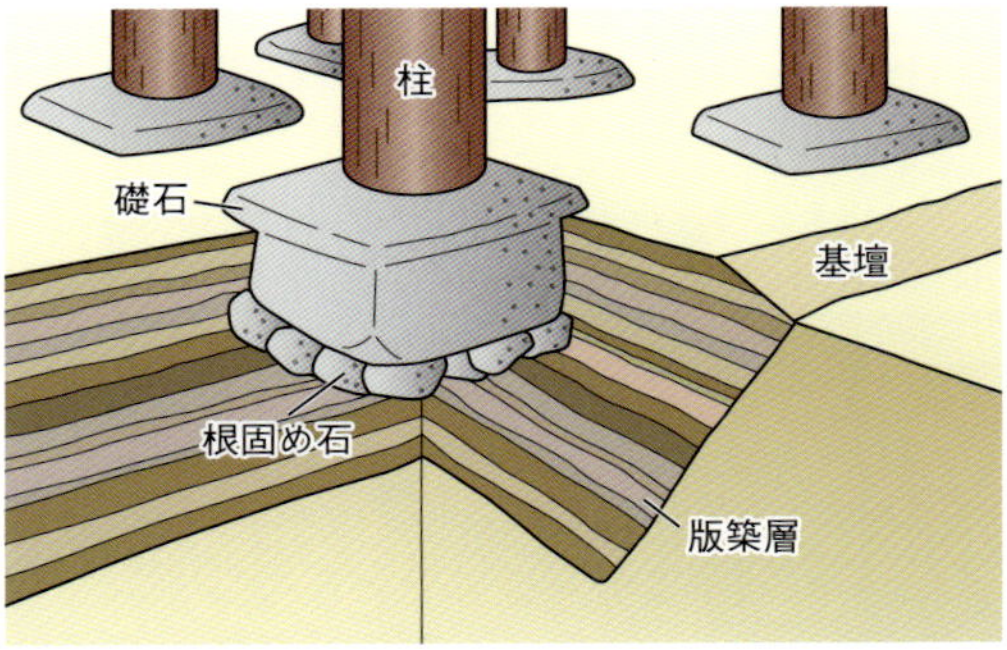


図21 ● 礎石建物の基礎構造

## 礎石建物の多様な基礎地業

第四次調査で確認された建物Gや、第一六次調査で確認した建物Hは、上部が削平を受けて礎石や根固め石、基壇などは失われ、下部の掘込地業だけが残っていた（図22－①・②）。いずれも礎石式の建物と考えてよい。地業は、建物の位置を全面的に掘り下げたうえで、突き固めながら埋め戻した「総地業《そうじぎょう》」とよばれる工法だ。

一方、第一八次調査で確認した建物Ｉは礎石や根固め石が残り、桁行三間×梁行三間の礎石建ち・総柱式の建物と判明した（図22－③）。桁行総長九・〇メートル、梁行総長七・八メートルで、総柱構造であることから、高床式倉庫と考えて間違いない。地上に基壇を構築し、基壇の下に旧地表（当時の地表面）が残ることから、地山をほとんど掘り込まずに基壇を構築したことがわかる（図22－④）。

また建物Ｊは、南北四間×東西四間以上の礎石建ち・総柱式の建物で、掘込地業をおこなっている（図22－⑤）。地業は、柱位置を南北方向につないだ範囲を、幅三メートル×長さ一四メートル程度に細長く掘り込んで、埋め固めている。掘り込みの形が反物《たんもの》の布を広げた様子に似ることから、布地業《ぬのじぎょう》とよぶが、このような地業の上部に、基壇を構築したと考えられる。

建物Ｊは根固めに重複があり、同じ基壇上で根固め石を据え直したことがわかる。つまり建て替えがおこなわれている。このうち、古い時期の建物は、先の布地業の上に、柱位置に黄色の粘土を円形に突き固めており、この部分だけ断面が凸レンズ状の密な地業が施されている。これを「円丘状盛土地業《えんきゅうじょうもりどじぎょう》」とよぶ（図22－⑥）。

① 建物 G

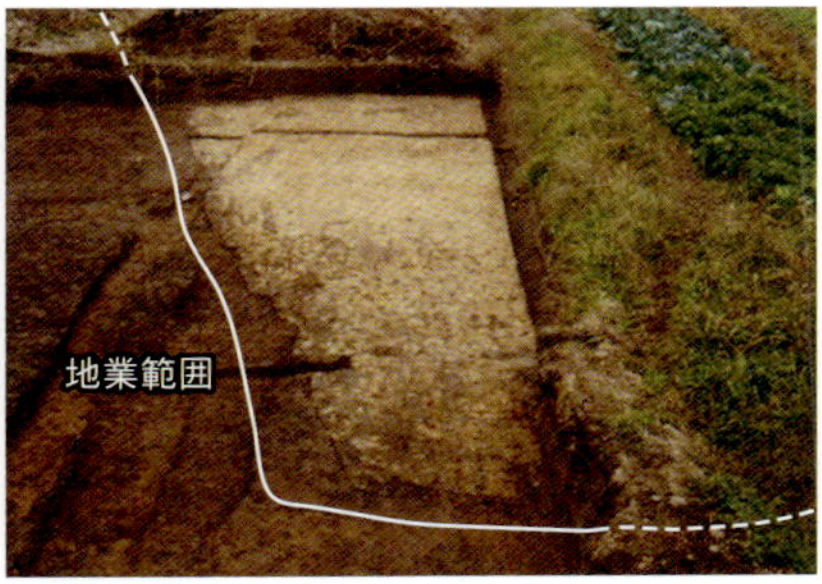


② 建物 H

③ 建物 I

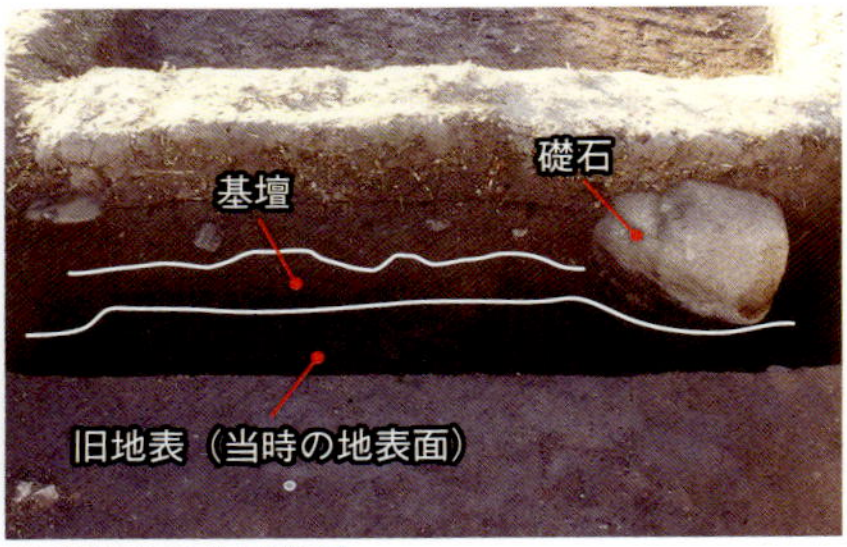


④ 建物 I の土層断面

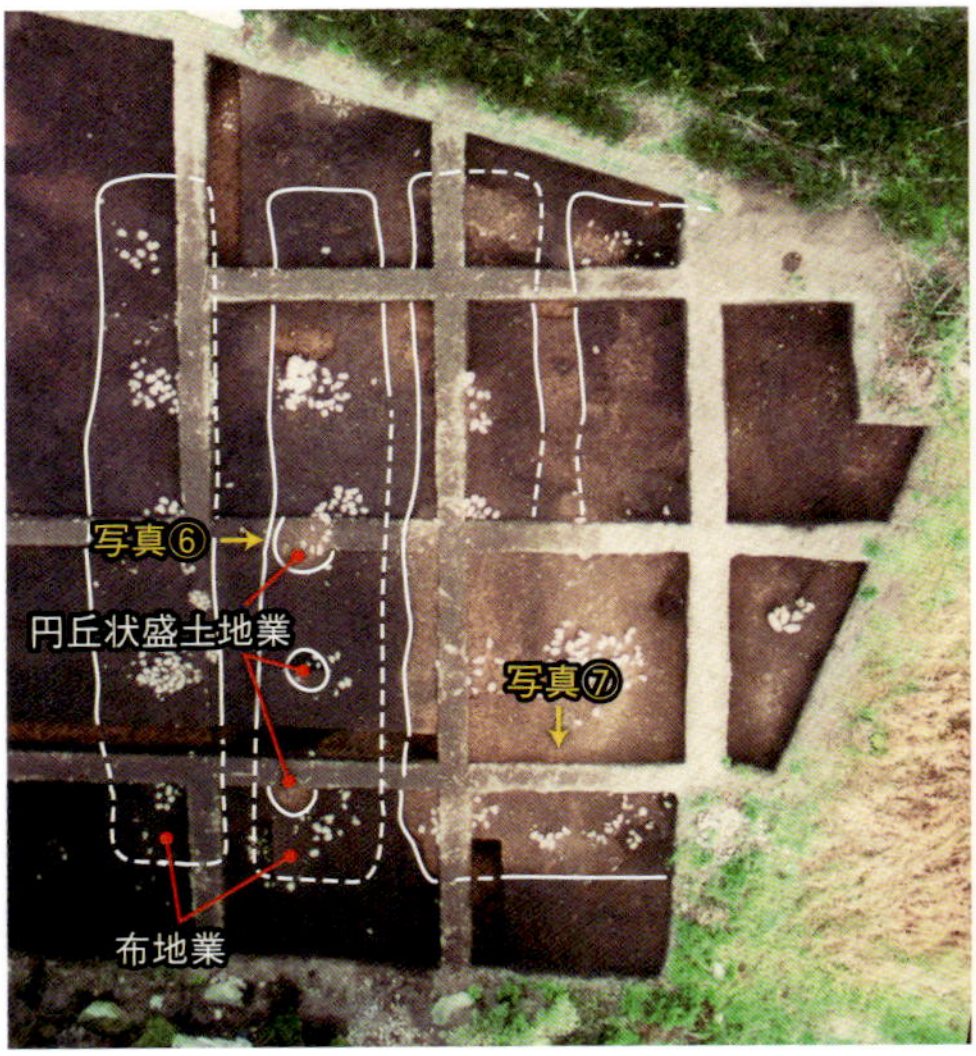


⑤ 建物 J

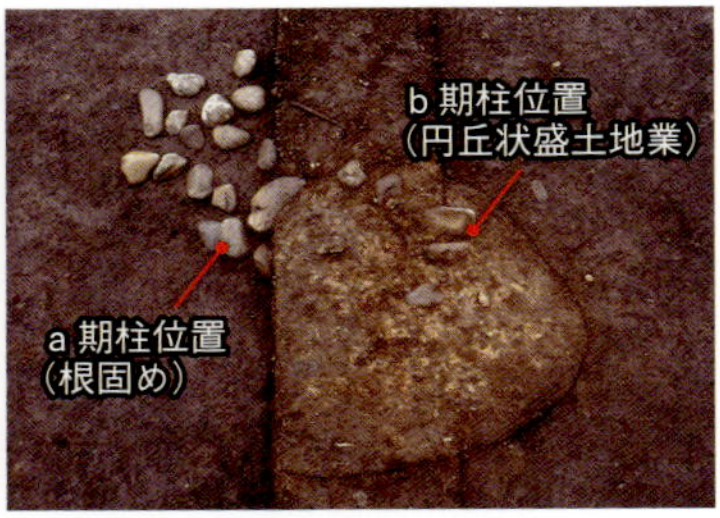


⑥ 建物 J の基礎地業（a・b 期）

⑦ 建物 J の基礎地業断面（c 期）

**図 22 • 正倉跡のさまざまな基礎地業**
建物ごとにさまざまな工法が用いられている。「円丘状盛土地業」は中央の都城で用いられた工法。

これらの建物は、礎石式の堅固な基礎構造をもっていることから、いずれも上屋《うわや》は総柱式の高床式倉庫で、田租を収納した穀倉《こくそう》と考えられる。同じ礎石建ちの高床式倉庫なのに、その基礎地業にさまざまな工法がみられるのはなぜだろうか。

## 正倉建物の造営と収納物

「正税帳《しょうぜいちょう》」などの文献史料の検討から、総柱構造の高床倉庫は「倉《くら》」とよばれ、後述する「屋《おく》」と区別されていた。総柱構造は荷重に強く、また高床式であることから風通しにすぐれ、地面からの湿気を建物の中に伝えないため、穀物の保存に適していた。したがって、郡衙正倉院の倉には、永年保管を基本として、穀《こく》（脱穀した籾粒）で納められた田租を収納した。

礎石建物の基礎地業の違いは、建物を建てる場所の地盤の状態や建物の構造の差、造営を負担した技術者の相違などを反映している可能性がある。また正倉の建物は、穀を納め満倉《まんそう》になった段階で、順次、追加・新営されたことが文献史料の研究から明らかにされており、造営時期の違いを反映するとも考えられる。

県指定当時は、指定地内全域に礎石が分布していることが確認されており（**図25**）、多数の倉庫が建ち並んでいた様子が想像される。しかし発掘調査は、院内《いんない》のごく一部で実施したにすぎない。院内に建てられた穀倉の建物配置については不明な点が多く、今後の課題である。しかし、こうした基礎構造の違いが、正倉建物の造営順序や造営負担のありかたなどを考える手がかりとなるだろう。

## 代用的収納施設、「屋」

　院内には、掘立柱建物ばかりが集中して建てられている一角もある。この部分でみつかった建物の多くは、桁行四間ないし三間、梁行二間の一般的な規模の側柱建物である。しかし、そのうち一棟（建物K）は、側柱の掘方それぞれに、上屋を支える本柱《ほんばしら》の柱痕跡のほかに、根入《ねい》れの浅いもうひとつの柱痕跡がみつかった（図23）。また建物の内側には、小さな円形の柱穴が並んで確認された。これらは、床を支える添束《そえづか》・床束の痕跡で、この建物は総柱式の高床倉庫とは異なる、低床の床束建物と判明した。

　正倉院内に配置された側柱建物は「屋《おく》」とよばれ、出挙《すいこ》や雑用の経費として運用・支出される穎稲《えいとう》（穂首を刈って束ねた稲）が収納された。穎稲は頻繁に出し入れされ、消費されることから、長期保存に適した高床式倉庫に収納する必要はなかったと考えられる。低床の床束建物をはじめ、この一角に建てられた側柱建物は、そうした屋と考えてよい。

## 小規模な倉は「借倉」か

　重複して確認された屋のなかに、小規模な円形の柱掘方をもつ二×二間の建物跡（建物L）もある（図24）。桁行総長四・五×梁行総長三・七メートルで、平面は正方形に近い。床面積も一六・七平方メートルと小さい。史料か

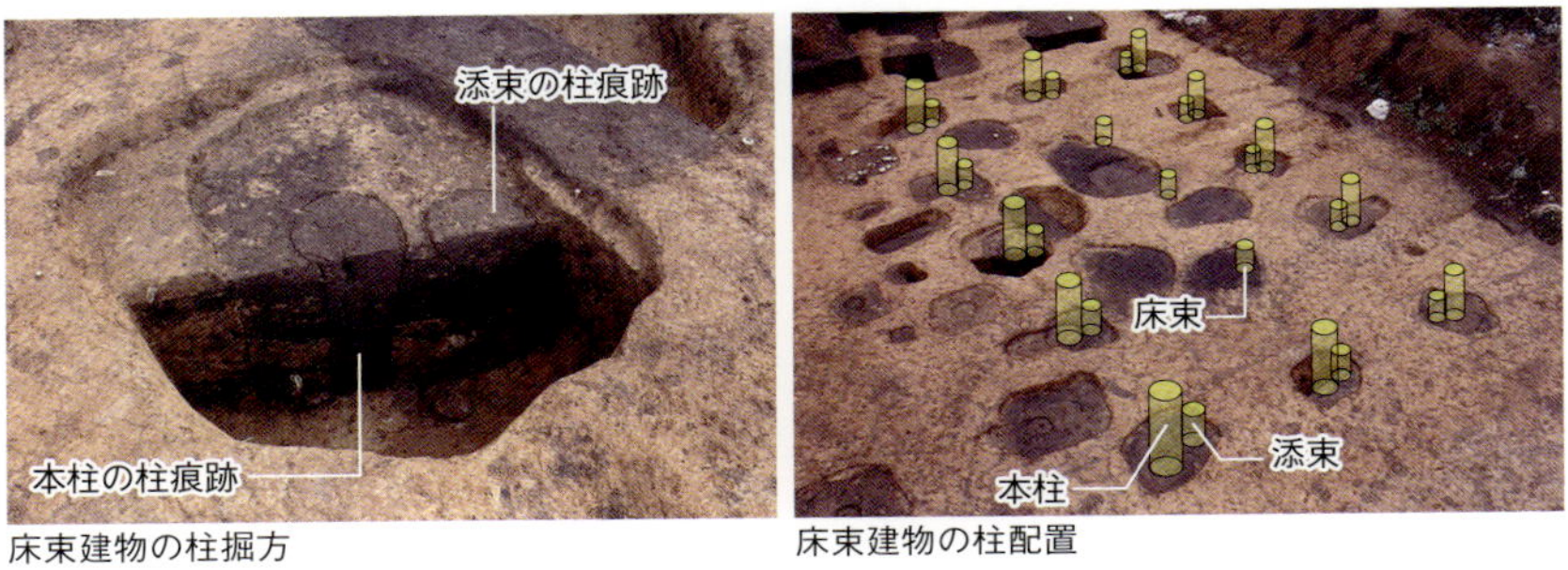


床束建物の柱掘方　　床束建物の柱配置

図23●床張りの「屋」の構造（建物K）

ら知られる正倉建物の規模と比較すると、屋よりも小規模な倉に近い。この建物は、総柱構造ではないが、高床式倉庫であった可能性もある。

こうした小規模な建物は、官衙の建物というよりは、むしろ集落に一般的にみられる建物である。史料では、正倉院を構成する収納施設のなかに、「借倉《しゃくそう》」・「借屋《しゃくおく》」とよばれる建物がみえる。これらは、本来は別の用途で官衙内外に建てられた施設を借り上げ、穎稲の収納施設として利用したものや、豪族の私宅や集落にともなう倉庫を正倉院内に移築したものと想定されている。二×二間の建物が、むしろ集落の掘立柱建物と共通することは、正倉院内に移築された借倉の一例といえるかもしれない。いずれにしても、この一角に建てられた建物は、正倉院に納められた穎稲を、支出されるまで一時的に保管した代用的収納施設であったと考えてよいであろう。

## 正倉区画の構造

発掘調査では、これまで述べたような建物を囲む大規模な区画溝もみつかっている。正倉院を区画する溝には、二時期の変遷がある（図25）。当初は、東西一三七×南北九六メートルの範囲を幅約四メートルの溝で区画し、その内側に一本柱塀をめぐらした構造の区画が成立する。

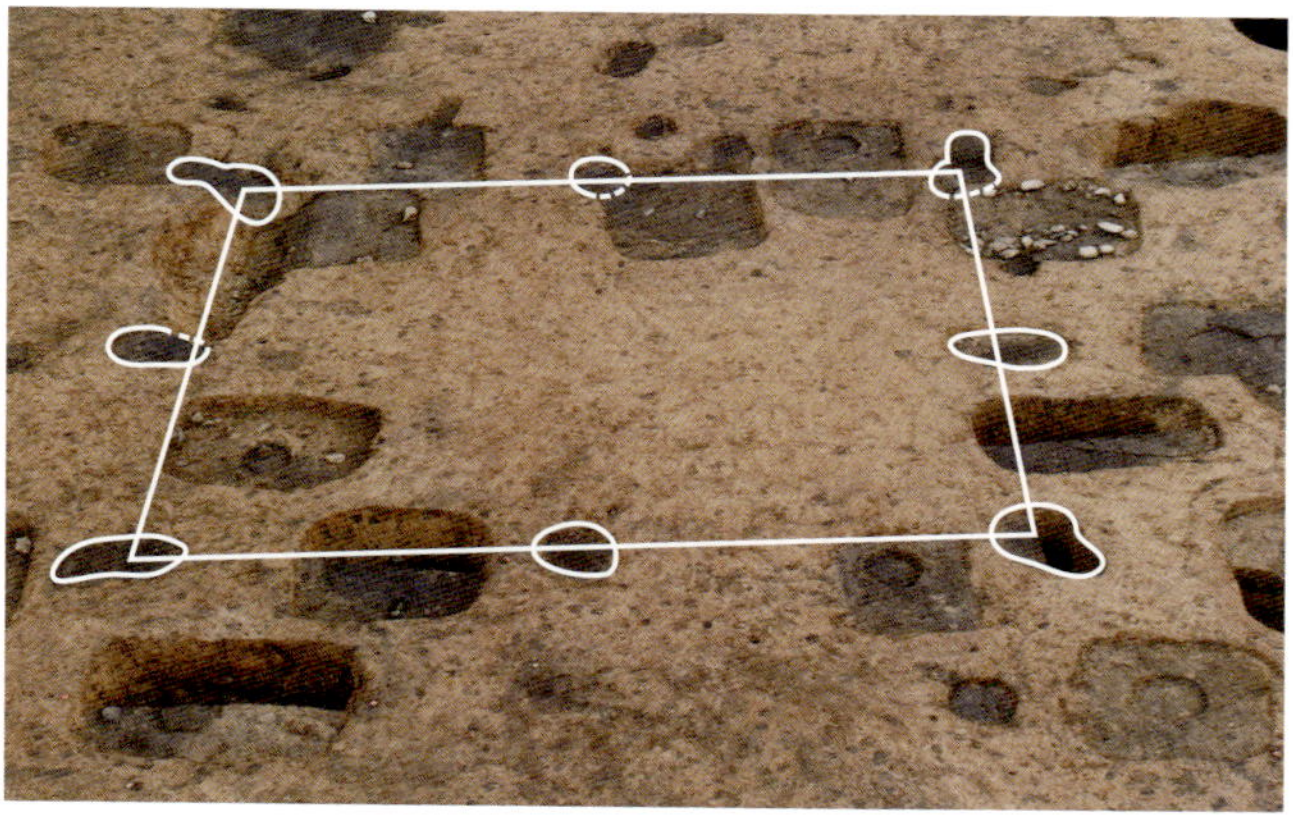

図24 ● 小規模な倉とみられる建物

**図25 • 正倉区画の変遷**
赤で表示したのは礎石で、いずれも正倉建物にともなうものと考えられる。区画溝からとらえられる2時期の変遷のほか、区画の外側にも建物が展開した時期があったようだ。

その北側には、幅約二メートルのやや小規模な溝による南北一〇〇メートルほどの区画がとり付き、二つの区画が南北に接する「日」字形の構造である。これを第一区画とよぶ。

第一区画にともなう溝は、ある時期になると一部が埋め戻されるとともに、新たな溝が掘り加えられ、縦に長い長方形の区画となっていたことがわかった(第二区画)。区画の規模は東西一三〇×南北一九六メートルである。

なお、このような区画溝から把握できる二段階の変遷に加えて、新しい時期の区画と重複し、これより新しい礎石建物が確認されている。未調査であるが、区画の東外側にも多数の礎石が分布していることから、さらに東側へ正倉域が拡大した時期があった可能性が高い。

## 2 正倉院を特徴づける出土遺物

### 区画溝から出土した木簡

正倉院の区画溝からは、これまでに六点の木簡《もっかん》(文字の書かれた木札)が出土し、当時、国立歴史民俗博物館の平川南《ひらかわみなみ》先生と山形大学の三上喜孝《みかみよしたか》先生に判読していただいた。そのうち五号木簡について紹介しよう(図26)。

木簡は長さ一五・八×幅二・一×厚さ〇・八センチの細長い短冊状の板で、上端には左右から切り込みがつけられている。切り込みは、紐をかけ荷物にくくり付けるためのもので、この形の木簡を「荷札木簡《にふだもっかん》」とよぶ。文字は、刀子《とうす》で表面が削り取られているため、墨痕《ぼくこん》が薄く消えかけているものがほとんどだ。

表には「嶋□郷□□里□□白人」の一〇文字が、裏には「□一石□□十一日」の八文字が記されていると判明した。判読できない文字は「□」で表示している。

「嶋□郷□□里」は、「嶋□郷」という行政区、そのなかの「□□里」という村の名前を示したものだ。郷名《ごうめい》から書き始められている点から、行方郡内に存在した郷と考えられる。郡内だけでやりとりする木簡なら、郡名は自明のことなのでわざわざ書かない。

また郷里《ごうり》の記載は、西暦七一七～七四〇年頃まで施行された「郷里制」の期間に作成・使用されたものであったことを示す。これで、この木簡の年代がわかる。

なお、『和名類聚抄』の記載では、陸奥国行方郡に属する郷は六郷で、「嶋□郷」の郷名はみえない（**図2参照**）。八世紀段階には存在したものの、一〇世紀にはなくなっていたか、『和名類聚抄』の記載から漏れた「嶋□郷」というこれまで知られていなかった郷の存在が明らかとなった。

「□□白人《しろひと》」は人の名前で、わからない二文字は名字のようなものと考えればよい。つまり、表面には住所・氏名が書かれていた。

一方、裏面の二、三字目の「一石《いっこく》」は、脱穀された穀物に付される単位。そうする

**図26 ● 5号木簡とその記載**
墨で書かれた文字の多くは、薄くて読みにくいが、赤外線カメラで写すなどの工夫をして、可能な限り判読する。

と、判読できない一字目は「米」である可能性が高い。最後の三文字は「十一日」。ならば、その前の判読できない二文字は「某月」であろう。以上をまとめると、「嶋□郷□□里に在住する□□白人さんが、某月十一日に米？一石を納めた」という意味のことが書いてある。

木簡の内容は、租税《そぜい》として納められた穀に関連するものである可能性が高く、郡内で使用・廃棄されたものと考えられる。五号木簡は、郡内から徴収された租税が納められた「郡倉《ぐんそう》」である本地区の性格をよく示すものである。郡衙正倉から、その機能を直接に示した木簡が出土することはめずらしい。

### 炭化米と正倉火災

本地区では、第一六次調査や第二二次調査で炭化米が出土している（図27）。また、近くに住んでいた櫻田力《さくらだちから》さんの話によれば、区画の南東部にあたる地点で大量に出土したという。

『続日本紀』には、宝亀五年（七七四）七月丁巳（二〇日）条に「陸奥国行方郡で災ありて、穀穎《こくえい》二万五千四百余石を焼く」との記載がある。穀穎が二万五四〇〇石とあることから、火災は大量の穀物が納められた正倉院でおこったとみて間違いない。よって、炭化米は、この八世紀後半におこった正倉火災との関連が指摘されている。実際に火災にあったとみられる建物跡

図27●炭化米

は未確認だが、先にみた建物Ⅰくらいの大きさで、およそ四千石の穀が収納できる。そうすると、この大きさの倉七、八棟が、火災の被害にあった計算になる。一生懸命に働き、ていねいに荷札をつけて米一石を納めた白人さんの落胆ぶりは、想像するにあまりある。

宝亀五年の『続日本紀』の記事は、正史に記された陸奥国行方郡に関する数少ない記録である。正倉火災による官物《かんぶつ》の欠失は、律令国家にとって重大な事件だった。本書の冒頭で紹介した泉の長者伝説は、この歴史的事件が形を変えながら千年もの間、語り伝えられたものだったのである。

## 正倉院所用瓦

本地区の特徴を示す遺物として、いま一つ注目されるのは、古くから県史跡指定地内での出土が知られていた瓦である（**図28**）。

正倉院で出土する瓦は、凸面に観察される成形時の叩《たた》き締《し》めの圧痕に特徴がある。その圧痕は、後にくわしく述べる寺院跡の瓦とは異なっており、正倉院内で多く出土する。この事実は、それらが正倉建物専用に製作・供給されたものであったことを示す。また、隅《すみ》棟《むね》に接する部分に葺かれた隅切瓦《すみきりがわら》がみられるので、屋根全面に瓦を葺いた総瓦葺《そうがわらぶ》きの「瓦倉《がそう》」が存在したと推定してよい。りっぱな瓦

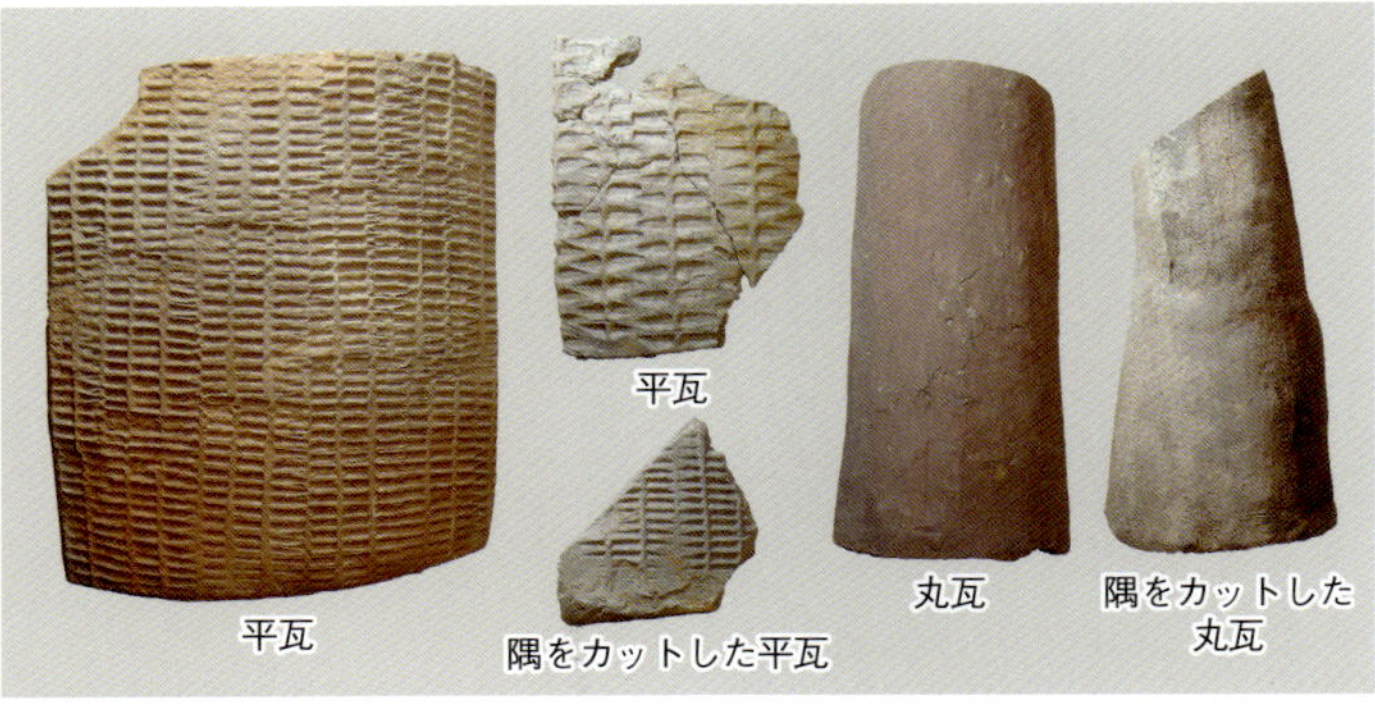


**図28 ● 正倉院から出土した瓦**
隅をカットした瓦（隅切瓦）は隅棟に接して葺かれたもので、屋根全面に瓦を葺いた総瓦葺きの建物があったことを推定する根拠となる。

屋根の倉は、正倉建物の象徴として建てられたのであろう。
年代は、先の五号木簡と同じ層からこの種の瓦が出土しているため、この時期までに生産されて、瓦葺きの倉が造営されたことがわかる。出土する瓦の種類が少ないことからみて、瓦倉は八世紀の初め頃の限られた時期に造営されたと考えられる。

## 正倉院の成立

郡庁院の北西側に位置する地区では、主軸方位を東へ振る総柱式の掘立柱建物が確認されており、それらはⅠ期郡庁院と一連の造営計画で建設された正倉と考えられる（**図5参照**）。先にみた大溝による区画をともなう正倉院は真北方位をとり、郡庁院のⅡ・Ⅲ期に対応させることができる。このうち、Ⅱ期の区画溝の最下層から、先の五号木簡が出土したことにより、少なくとも八世紀前半までにはⅡ期の区画溝ができあがっていたと考えられる。

Ⅰ期の正倉院は郡庁院に近接する位置にあり、溝などの区画施設もともなわない。これに対し、八世紀に成立したⅡ期の正倉院は、郡庁院の西約一四〇メートルの位置に離れ、大規模な溝で囲まれた新たな区画として造営されている。他の官舎から画然と区画された正倉院の成立は、地方財政の基盤となった租税の厳格な管理がおこなわれるようになったことを示している。

律令の倉庫令《そうこりょう》には、「およそ倉《くら》は、皆《みな》高く燥《かわ》ける処《ところ》に置け。側《かたわら》に池渠《いけみぞ》（溝）開け。倉を去ること五十丈《ごじゅうじょう》の内に、館舎《かんしゃ》を置くこと得《え》ず」とみえ、この規定を反映したものと理解できよう。

# 3　交通宿泊機能をもった官衙

## 町池地区の官衙施設

これまでに解説した郡庁院と正倉院は、地方官衙のシンボルともいうべき施設だ。中央の広場を囲むようにコの字形やロの字形に建物を配置した郡庁院の建物配置は、律令国家を権威づける儀式や饗宴がおこなわれた官衙政庁に特徴的なものだ。また、たくさんの総柱建物が立ち並んだ正倉院は、国家権力による税の収奪を象徴しているようである。

このようなシンボリックな施設とは別に、郡衙の実態的な機能を担った官衙施設については、いまだ不明な点も多い。そうした施設には在地の条件がより強く反映され、遺跡によって千差万別であるか

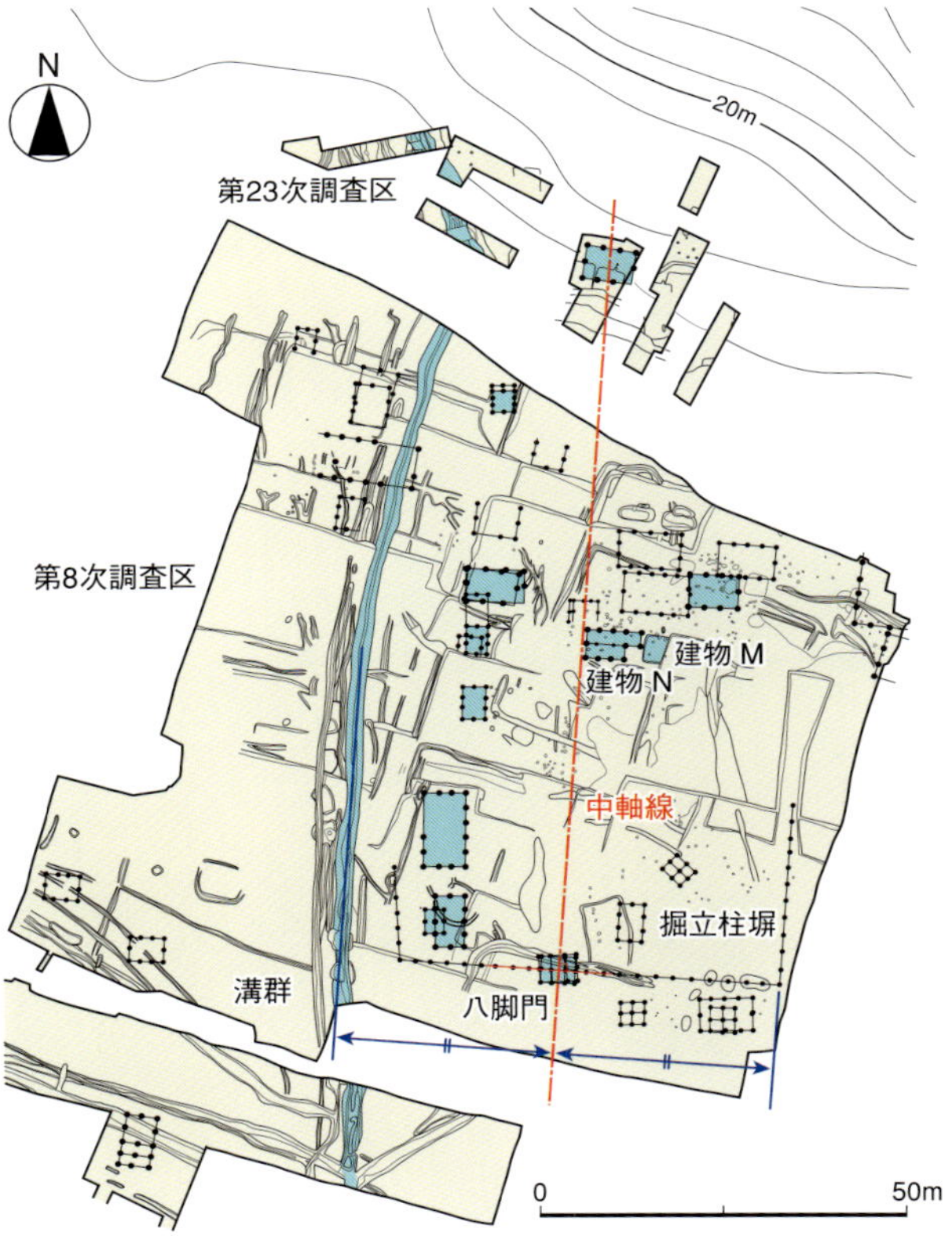


**図29 ● 町池地区の官衙施設**
八脚門の位置を中心に東辺掘立柱塀と溝が左右対称の位置関係にあることが判明した。

らだ。

遺跡西端にあたる町池地区では、一九九八年に第八次調査を実施し、八脚門《はっきゃくもん》をともなう塀によって区画された掘立柱建物と竪穴建物で構成される施設を確認している（図29）。あわせて掘立柱建物三三棟、竪穴建物一棟を確認した。また、調査区の西部では複数の溝が、掘立柱建物群の西側を南北に走っている。

## 八脚門と塀

八脚門は、扉筋《とびらすじ》の前後に八本の控えの柱を立てた構造の門で、地方官衙遺跡で確認される門のなかでも格式が高く、重要な施設にしかみられない（図30）。本地区の官衙施設の格式を示すものと考えられる。

建物群の南側を区画する塀は東西に五二メートルのび、それぞれ北へ折れ曲がるが、途中でとぎれ、建物群を全周しない。通常、門は区画の中央に付くことが多いが、この施設では、やや西寄りにとり付く。塀が主として南辺を区画しているのは、正面観（ファサード）を意識し、これにとり付く八脚門とともに、南面のみを荘厳《そうごん》にみせる意図があったと解される。

図30● 八脚門
手前と奥に控柱の柱穴が４基、その間に扉筋の柱穴を配する。中央の柱間が広いことから、中央に戸口が一つ付く構造と推定される。

## 区画内の建物群

区画内の建物配置は、北部に東西棟を、西部に南北棟を配する逆L字形を基本とする。北部の建物群にはカマドを備えた竪穴建物一棟がともなう（図31―①）。「上野国交代実録帳」では、「厨家」を構成する建物の一つに「竈屋《かまどや》」がみえる。この竪穴建物（建物M）は、まさしく「竈屋」にふさわしい。また、これに近接する掘立柱建物（建物N）は三×二間で床束をともなう（図31―②）。この建物は、北側柱列の東側に一基、東妻中央柱の東側に一基の柱穴が同じ間隔で

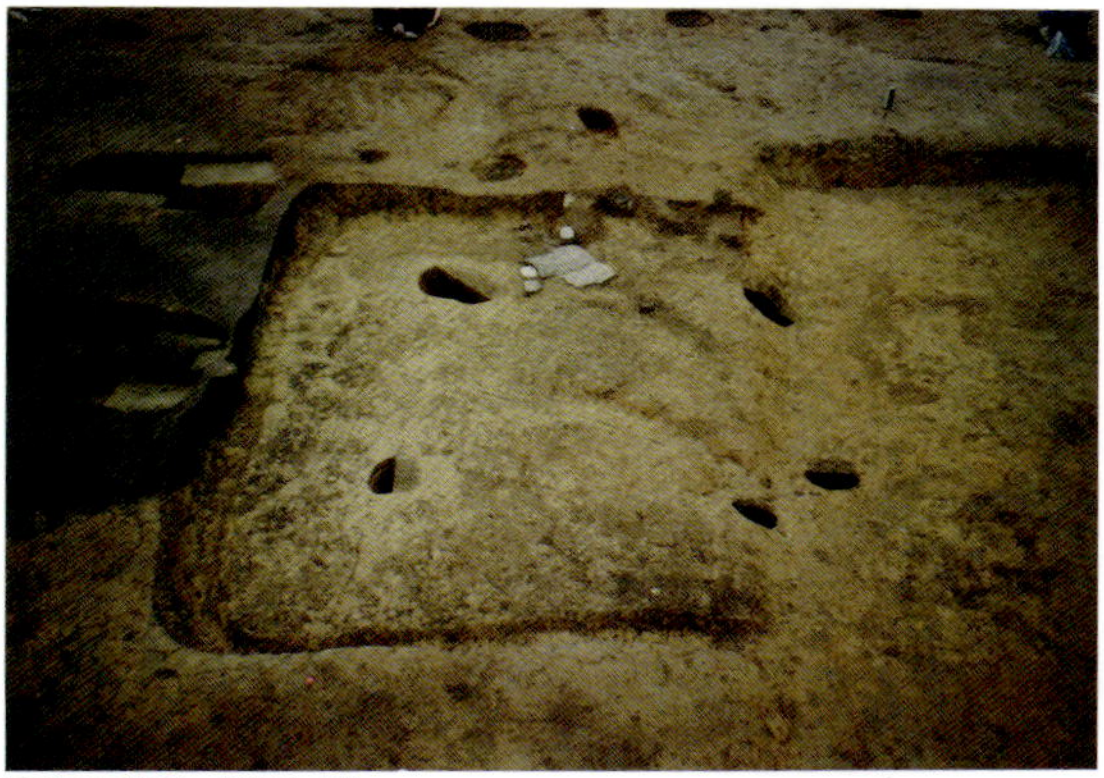

①竪穴建物（建物M）

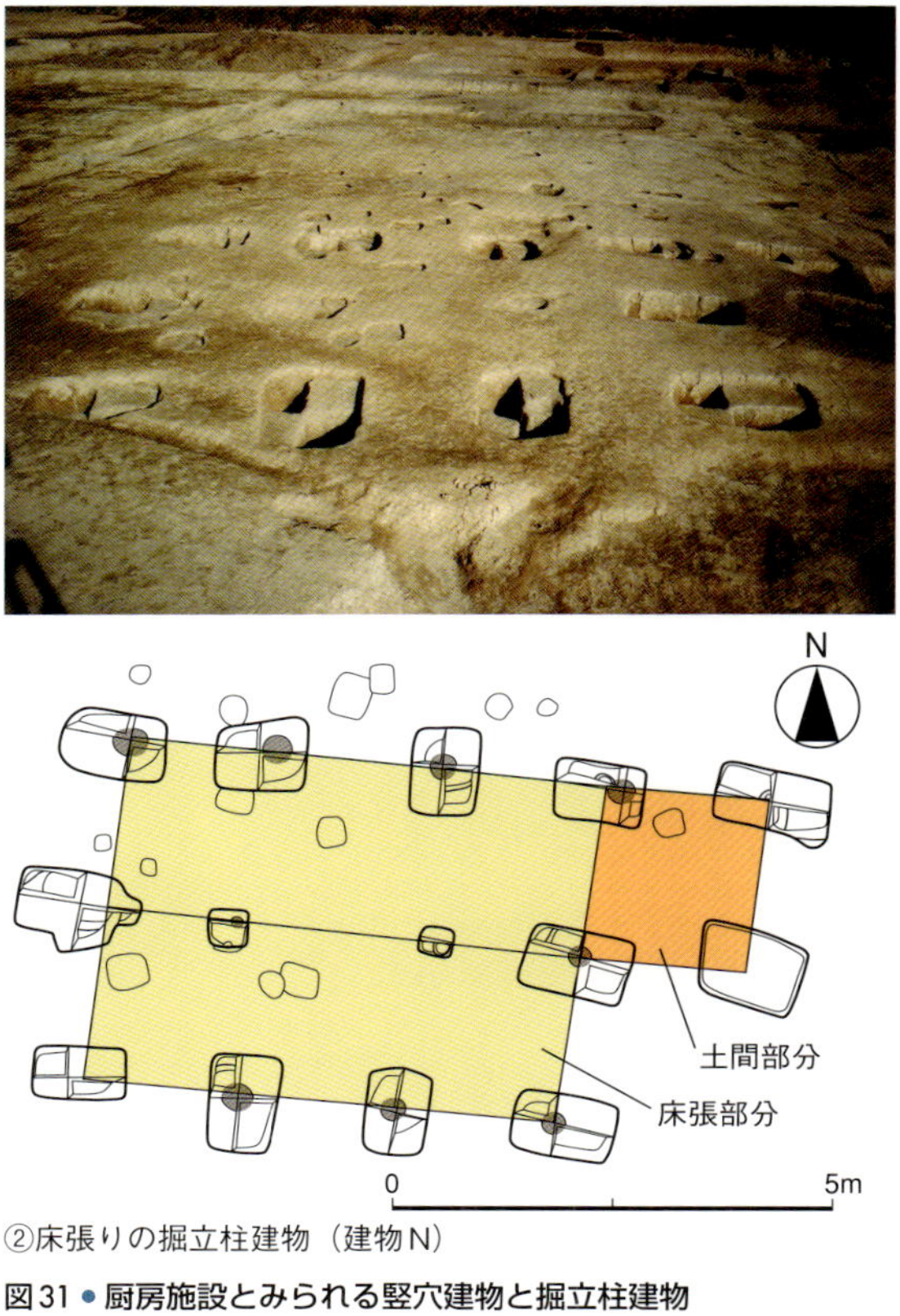


②床張りの掘立柱建物（建物N）

図31 ● 厨房施設とみられる竪穴建物と掘立柱建物

配されており、東側が一間分外に突出する構造となっている。床張りの身舎に付属する土間であろう。床張りの建物は前節でみた正倉院内の「屋」にもみられ、三×二間と小規模であることと、土間をともなうことから、収納機能と厨房を兼ね備えた施設の可能性が考えられる。

町池地区は、他地区にくらべて土器の出土が多く、建物群の北側に位置する土坑や、西北部の浅い谷から大量に出土している。杯《つき》・碗《わん》などの食器のほか、甕《かめ》や甑《こしき》などの調理具も多い。こうしたことから、この地区の建物群、とくに北側に位置する施設は、厨房《ちゅうぼう》の機能をもっていた可能性が高い。

## 溝跡群は道路側溝か

掘立柱建物群の西部では、複数の溝が重複して確認されている（図32）。溝がくり返し掘り直され、長期間維持されたと考えられる。これらの溝は、建物群を囲んで区画するのではなく、地区の北と南へ長くつづいている。

溝の西側は建物の分布がとぎれ、溝に沿って空閑地が存在する。遺構が密集する部分のなかに、遺構のない空白が帯状にのびている場合、その部分は通路として利用されていた可能性がある。道として通行するところに、建物は建てない。この北側への延長部分は、遺跡背後を東西に連なる丘陵に大きな谷が入り込んでいて、丘陵の北側へ通り抜けられる自然の切り通しとなっている。溝を側溝とし、西側の空閑地を路面とする道路の存在を想定できるのではないか。

当地区の補足調査として、第八次調査で検出した官衙施設が、さらに北に広がるかどうかを確認する目的で、北側に位置する丘陵裾の緩斜面で第二三次調査を実施した（図33－①）。この調査では、溝群の北側延長部分とともに、その西側で、地山にマンガンが沈着した硬化面が確認された（図33－②）。土壙が硬化した面は、その直上に堆積した土との境界に、地下水に含まれる鉄分やマンガンが染み出して、斑文《はんもん》のように沈着することがある。踏み締めにより地山が硬化し、そこにマンガンが沈着したものと考えられる。また、地山に凹凸がある部分では、硬く締まった砂質土が薄い層をなして堆積し、その上面や層の節理面にもマンガンの沈着がみられた。

硬化した地山面は路面、凹凸を埋めた砂質土は路面を補修した痕跡と考えられる。第八次調査区で検出した溝を側溝とし、その西側の空白帯を路面とした道路が、建物群の西側を南北に通過していた可能性が高くなった。

**図32 ● 調査区西部を走る溝**
画面奥には、遺跡の背後に控える丘陵に谷が入り込んでいるのがみえる。溝はそこへ向かってのびてゆく。

## 官道をともなう官衙

以上のような考古学的な知見に加え、古い地籍図では字「町池《まちいけ》」と字「宮前《みやまえ》」の小字界が溝の位置と一致して南北に長くつづいているのが確認できる（**図34**）。道路として長いあいだ機能したラインが、小字界などの地割として残るケースは各地にみられる。

八脚門を中心に中軸線を設定してみると、掘立柱塀の東端と溝がそれぞれ八脚門から同じ距離にあり、左右対称の位置関係にあることがわかる。つまり、塀の南辺中央やや西寄りにとり付く八脚門は、掘立柱塀の東端と溝との関係では、きちんと中央の位置にあることになる（**図29**）。たんに建物群の脇を道路が通過しているというのではなく、正面感を重視した建物群の造営計画に、道路側溝が組み込まれたと理解できる。この地区のファサードは、道路を組み込んだ形で計画されていた

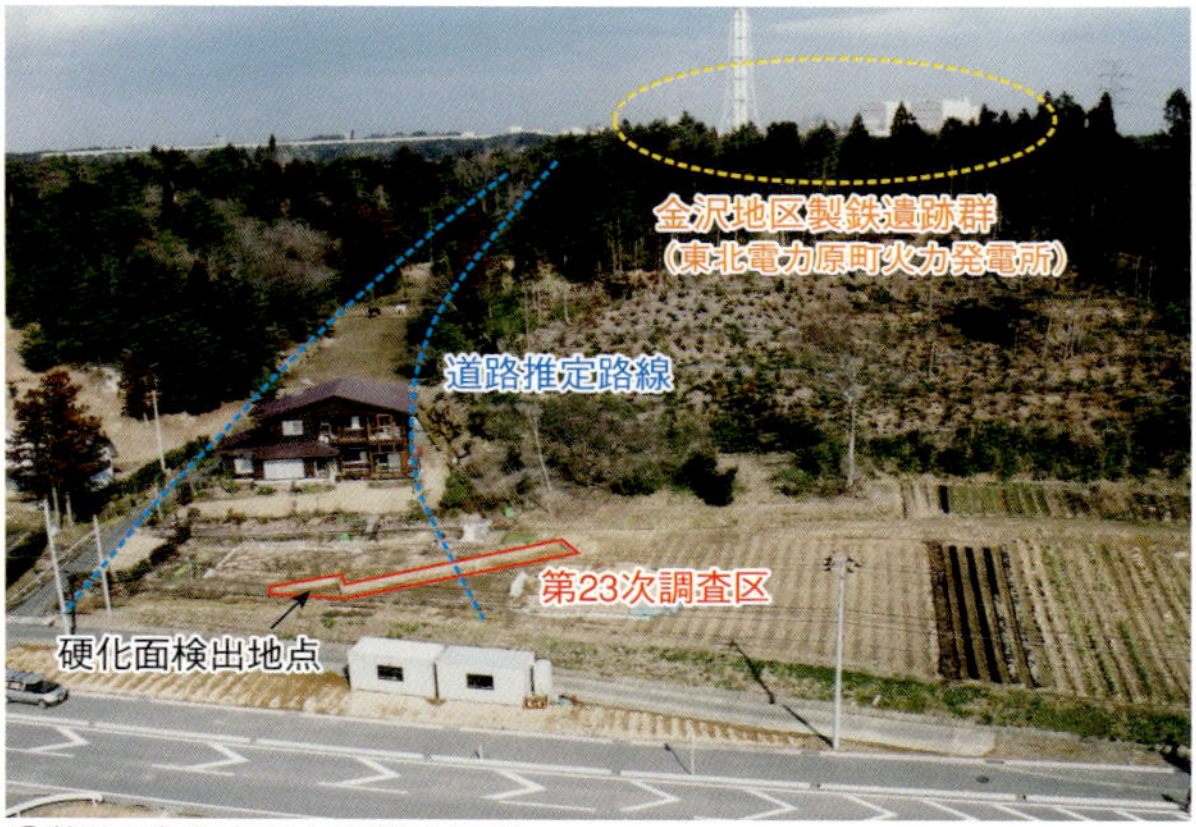

①第23次調査区と周辺の地形

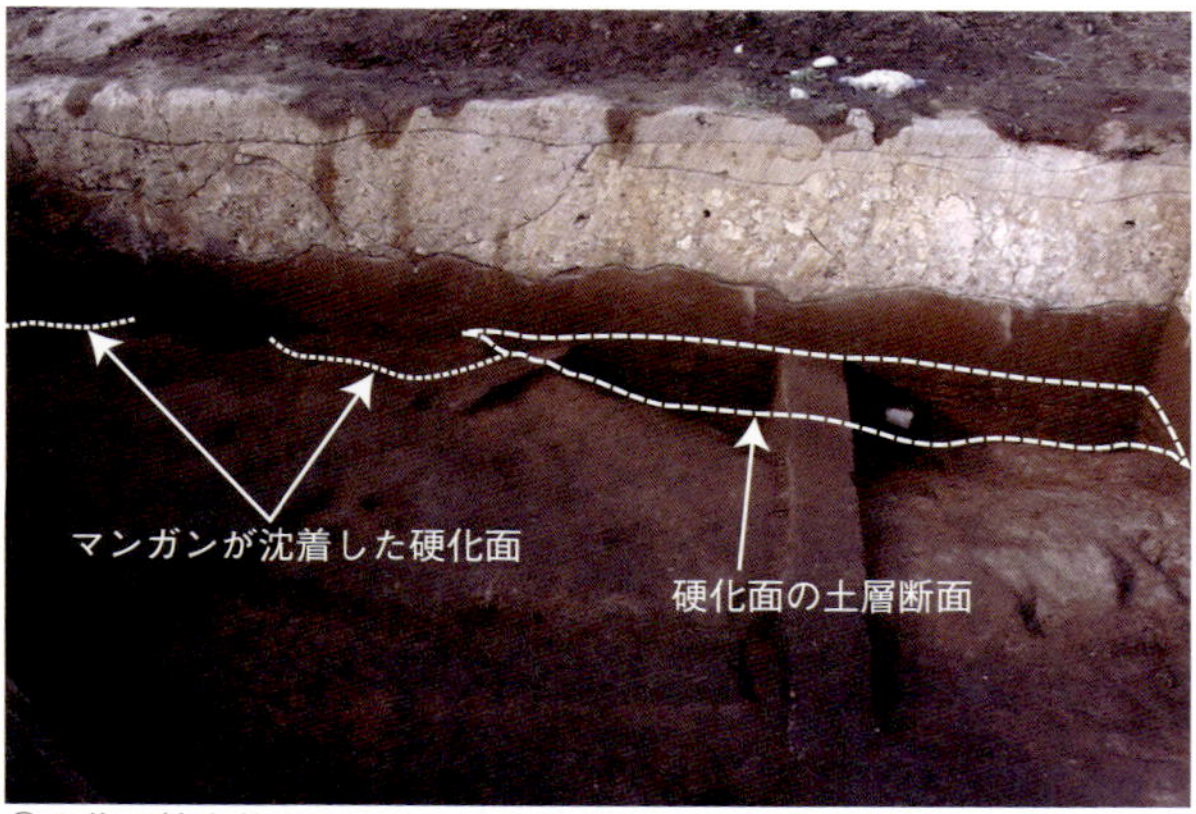

②硬化面検出状況

図33 ● 第23次調査で発見された硬化面

のである。したがって当地区に展開する建物群は、道路と密接な関係をもって機能した施設と考えることができよう。また、官衙の配置計画に組み込まれた道路は、官道と位置づけてよいのではないか。

## 郡衙の館の構造

町池地区の官衙施設は、八脚門をともなうことから一定の格式がうかがえるほか、厨房施設をもち、土器の出土が多いので、居住機能をもった施設と考えられる。また、道路と密接な関

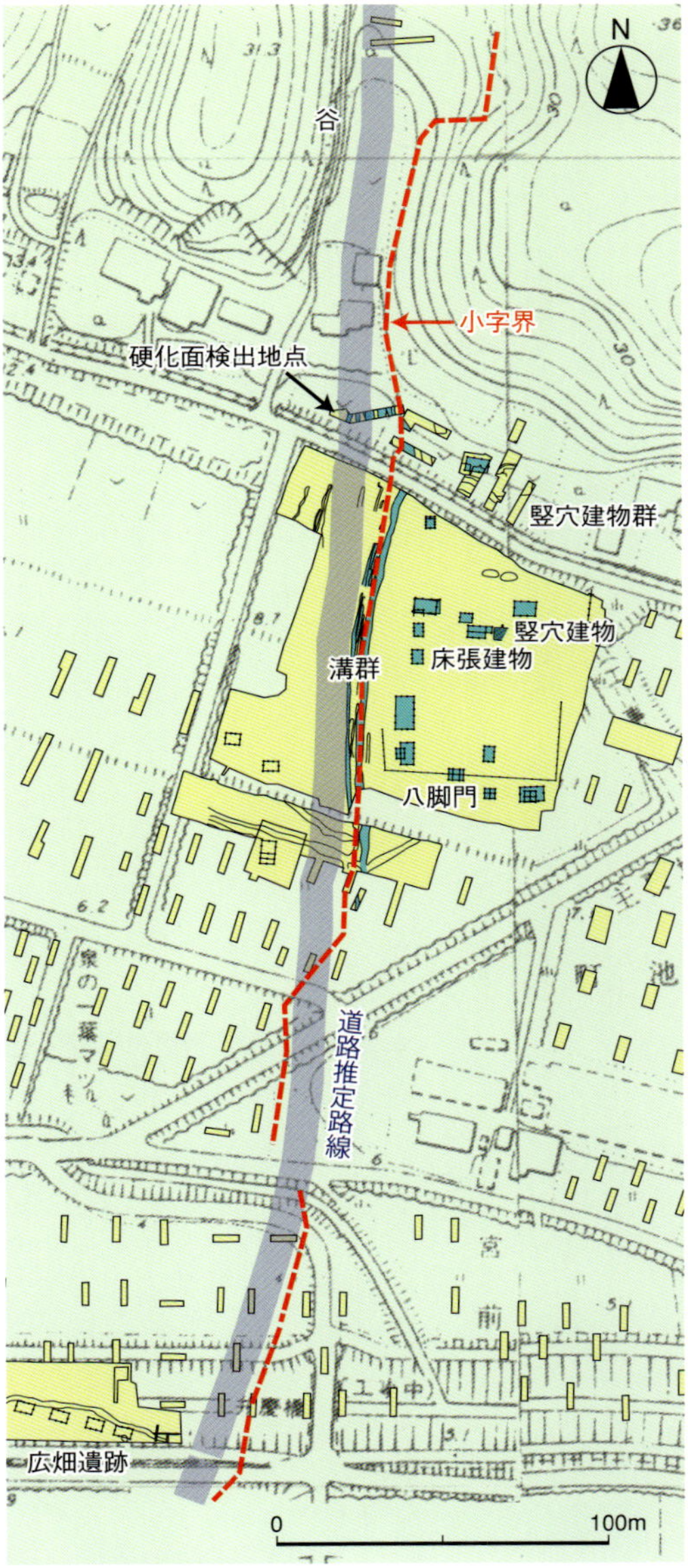


図34 ● 溝群と重なる小字界
溝群に現代の地割が一致しているのは、古代の溝のラインが長い間、地割として踏襲されたからである。

係をもって機能したと考えられることから、交通に関連する機能も想定できる。郡衙を構成する諸施設のなかでは、国司や公的使臣の宿泊した交通宿泊施設である館に比定しうる施設である。

館と推定される遺跡には、井戸をともなう厨家《くりや》推定施設が近接することが多い。本地区で井戸は確認されていないが、北東側の丘陵裾には、「泉《いずみ》の酒井戸《さかいど》」とよばれ「泉」の地名の由来となった湧水池《ゆうすいち》があり、こうした湧水が利用された可能性がある。冒頭で紹介した伝説の泉長者は、この泉から湧く酒を売って長者になったと伝えられている。

**図35 ● 大船迫A遺跡出土土器**
町池地区の官衙施設で出土する土器と同じ8世紀のもの。

## 郡衙の館の供給機能

町池地区において、道路が通過したと想定される谷を通り抜けると、すぐ北の金沢《かねざわ》には、大規模な製鉄遺跡群が位置している（**図33-①**）。この金沢地区製鉄遺跡群の一角にある大船迫《おおふなさく》A遺跡では、掘立柱建物二九棟と竪穴建物三二棟が確認され、製鉄操業にかかわる官人や技術者の宿営地、製鉄操業を管理する施設、または産出された鉄を保管する倉庫と推定されている。官道は、ここへ向かってのびていたと考えられる。大船迫A遺跡では、多量の土器類とともに、「厩酒坏《つき》」と記された墨書土器が出土している（**図35**）。「厩」は、郡衙の館を構成する建物であった可能性が高く、出土した墨書土器は、町池地区の建物群と同じ時期のものである。したがって、郡衙からの食料の供給にともなって郡衙の備品が、金沢の製鉄工房へ運ばれたと推測できる。

町池地区で出土した土器のほとんどは、八世紀初頭から後半にかけてのもので、それ以降の時期の土器は認められない。建物群も、八世紀前半から後半にかけての時期に存続し、その後廃絶したと考えられる。つまり、八世紀の限られた時期に機能した、比較的短命の官衙施設であった。この事実は、次節で述べる町地区の施設とのかかわりで注目される。

## 4　水上交通関連施設

### 巨大な南北溝

東西に長い遺跡範囲の中央南側、先述の正倉院や郡庁院の南に接する部分を、小字名から町《まち》地区とよんでいる。正倉院・郡庁院の立地する河岸段丘の南に接して島状に残る沖積地内微高地にある。周囲の沖積地とは、現況で〇・五〜一メートル前後の高低差がある。なお、昭和四〇年代以前の土地区画には、遺跡南側を東へ流れる新田川の支流である武須川《ぶすがわ》の旧流路の痕跡を確認でき、当地区の南側に接するように、河川が流れていた可能性が高い。

本地区の官衙施設を特徴づけるのは、南北に走る幅三〜一〇メートル、深さ〇・九〜一・一メートルの大溝である（**図36**）。溝内からは流木や加工痕のある伐採木《ばっさいぼく》が出土しており、うち一つは半截《はんせつ》されたクリ材で、長さ約六・三×太さ一・一メートルの巨大なものである。

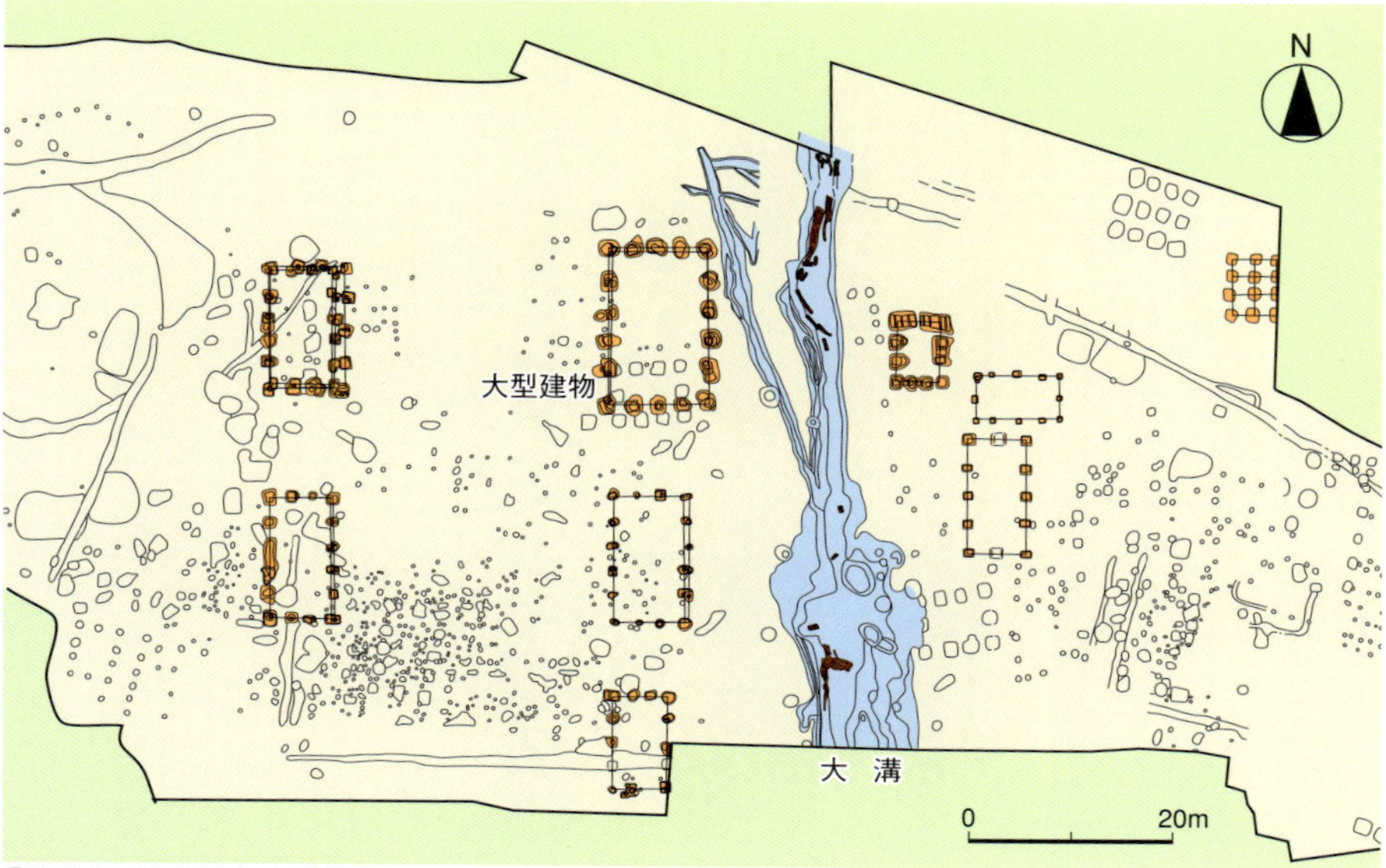

①町地区で確認された遺構

②町地区の調査状況

③大溝と出土した伐採木

④船泊りと推定される部分

**図36 ● 町地区の遺構**
南北に走る大溝は、南半が幅広となっている。溝内から出土した巨大な伐採木は水に浮かべて運ばれたのだろう。

溝の埋土《まいど》（覆土《ふくど》）には川砂層の堆積が認められ、最下層は植物遺体を多く含む。溝内に堆積した土壌のプランクトンの化石を分析した結果、溝が機能している段階では、水がゆるやかに流れていたことがわかった。

また、古い土地区画に残る流路痕跡から、大溝の南端に旧河川の流路が接しており、大溝は河川に接続して、河川からの導水がおこなわれていたと推定される（**図37**）。溝内から出土した巨大な伐採木は、大溝を利用して運搬された可能性が高い。また、溝南半部にみられる幅の広い不整形の掘り込みは、船泊りのような施設と推定される。大溝は武須川から新田川へ、さらに太平洋へとつづく港としての機能をもっていたと考えられるのである。

## 津に関連する官衙か

大溝の両側では、大型の掘立柱建物が確認されている（**図36―①**）。西側では、同規模で規格性の高い掘立柱建物が、並列・直列に配置されていた。また同位置・同規模での一、二回の建て替えがおこなわれ、計画的な配置が長い期間維持されたことがうかがえる。そのなかには桁行五間×梁行四間、桁行総長一五・七メートル、梁行総長一〇メートルで、郡衙の中枢である郡庁院の建物にも匹敵する大型建物もある（**図38**）。一方、東側の建物群は、比較的小型の建物で構成され、建て替えは認められない。北側には総柱式の倉庫もみられる。

当時、水上交通のために設けられた港を「津《つ》」とよんだ。泉官衙遺跡と同時代の河川流路が発見された福島県いわき市荒田目条里《あったためじょうり》遺跡では、磐城郡司《いわきぐんじ》が来客を迎えるため、津を統括する津長に命令を出して、船の漕ぎ手をはじめとする働き手を徴発した郡符木簡《ぐんぷもつかん》が出土している。この木簡から、郡衙が水上交通の拠点である津を支配していたことがわかる。一方、町地区の官衙は、郡衙がこうした港湾施設をとり込んだ形態と理解することができよう。

また、大溝西側の掘立柱建物群にみられる直列・並列の建物配置は、郡衙の館とされる施設に多い形式である。先の郡符木簡で磐城郡司が津長に命じて迎えさせた来客は、海上交通を利用した公的な使者や旅行者ではなかったか。

やや時代は下るが、有名な紀貫《きのつら》之《ゆき》の『土佐日記《とさにっき》』には、土佐国司の任を終えた紀貫之が、瀬戸内海

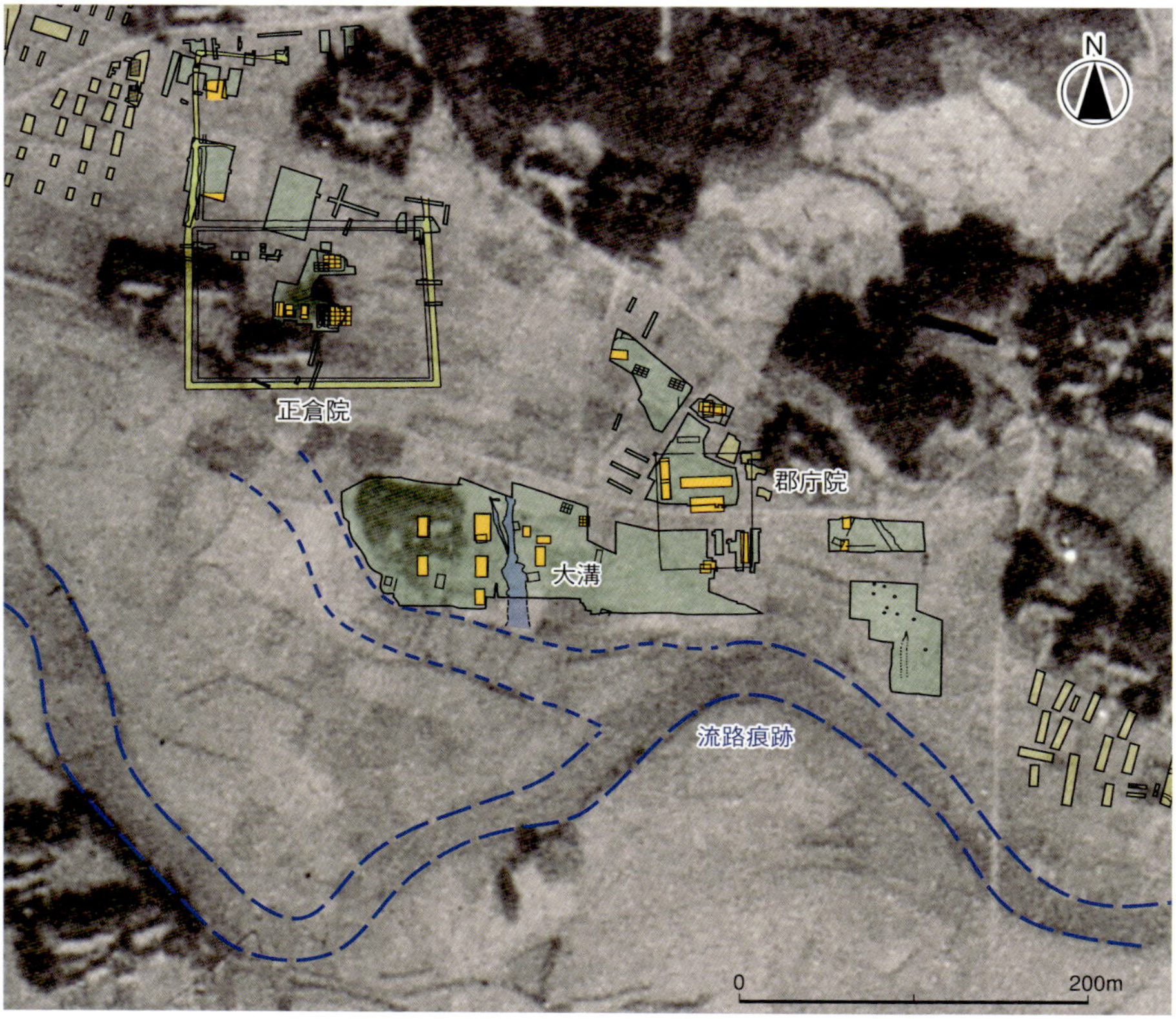

図37 ● 町地区の南に接する河川流路跡

の交通を利用し、津に宿泊しながら帰京する様子が描かれている。町地区の掘立柱建物は、水上交通を利用して往還する国司や公的使臣を迎えた交通宿泊施設ではないだろうか。

## 交通体系の転換を反映した官衙

大溝とこれにともなう建物群の年代は、郡庁院の遺構期区分におけるⅢ期に対応し、九世紀を中心とする時期に位置づけられる。一方、前節で述べた町池地区の官衙施設は、八世紀のⅡ期に機能し、以後、廃絶したことが明らかとなっている。つまり、町地区の水上交通関連施設は、町池地区の道路遺構をともなう陸上交通施設と入れ替わるように、Ⅲ期になって成立しているのである。

町地区の官衙施設が成立する時期は、全国的に駅路の整理がおこなわれる一方、海上交通における国家制度が確立する時期と一致している。『日本後紀《にほんこうき》』延暦二四年（八〇五）一一月一三日条には「陸奥国の部内海道（太平洋側の地域）の諸郡の伝馬を廃止する」とみえ、弘仁二年（八一一）四月二二日条には「陸奥国の海道にある十駅を廃止する」とある。

「伝馬」は郡衙の館におかれた馬、「駅」は各地の主要幹線道路で

**図38● 大溝の近くに建てられた大型の掘立柱建物**
柱間が３ｍを超え、柱穴に礎盤を多用する点は、Ⅲ期郡庁院の建物の特徴と一致する。

ある駅路《えきろ》に置かれた厩舎や旅舎《りよしや》を備えた施設で、いずれも馬を乗り継いでの連絡伝達のために設けられたものである。

当地域においては九世紀初頭までに、馬による陸上交通の果たす役割が相対的に低下し、水上交通がこれにかわる役割として重要視されたと考えられる。町地区の水運関連施設は、平安時代初期における交通制度の転換を背景に成立したのではないだろうか。

## 5 農業経営の拠点となった郡衙

### 広畑遺跡

郡衙を構成する施設のひとつに「厨家《くりや》」がある。泉官衙遺跡の南西に接して位置する広畑遺《ひろはた》跡では、この厨家の活動を示す手がかりが得られた(図39)。

発掘調査の成果から、遺跡は南半部に泉官衙遺跡と同時代の村が広がり、そこから空閑地を隔てた東北部では、柱筋を揃えて直列する四棟の掘立柱建物と、これを壊して掘削された溝が確認された。溝からは土師器《はじき》・須恵器《すえき》・灰釉陶器《かいゆうとうき》など、多量の土器類が出土している。土器の年代は九世紀中頃以降である。

### 「厨」墨書土器

出土した土師器の杯には、墨書が認められるものが多く含まれている(図40)。墨書は

「厨」がもっとも多く、他に「定」・「常」・「浄」・「福」・「吉」など、吉祥的な文字の墨書も多い。このほか「寺」・「成」・「主」・「南合」などの文字も認められる。

行方郡衙に近接するこの地点で「厨」と記された墨書土器が出土していることは、郡衙に付属する厨家の活動を示唆する。いまでも、公共の物品にはフェルトペンやシールで「○○市役所」・「○○課」などのように所属が明示されているのをよく見かけるが、これと同じように、「厨」と記された墨書土器は、郡衙の厨家に所属する備品と考えられる。

## 郡衙の厨家の供給活動

ただし、この部分が郡衙の厨家であったかどうかは、よくわからない。厨家は郡衙に属する厨房で、郡衙に勤務する役人や出仕者へ食事を供給し、また部内をめぐる国司や公的

図39 ● 官衙と集落の接点にある広畑遺跡Ｂ地区

使臣への饗応のための酒饌《しゅせん》を準備する機関である。そのための食料や食器も厨家で管理された。厨家の食器は、各種の行事や接客のつど、官衙内外にもち出されることが多く、所属を明示するために、「厨」の文字が記されたと考えられる。

実際に、郡衙内では郡庁院、郡衙の外では北約一・五キロの地点にある金沢地区製鉄遺跡群大迫《おおさく》遺跡や、西一・二キロに位置し鍛冶関連の遺跡と推定される荒井前《あらいまえ》遺跡で、「厨」銘墨書土器が出土しており、そうした場所に供給がおこなわれていたことがわかる（**図41**）。こうした食器は供給先で廃棄されたものとみられ、「厨」銘の墨書土器が出土しても、その出土地が厨家とは限らない。

## 村落の儀礼に厨家が関与したのか

広畑遺跡で注意されるのは、「厨」のほかに、吉祥的な文字のみられる墨書土器が多く出土する点である。吉祥的な文字を記した墨書土器については、農繁期労働にともなう共同飲食儀礼の際に使用されたものであるとする説がある。こうした共同飲食儀礼は、農繁期に労働力を徴発し、それに対して食料を提供する形でおこなわれる。「田」の墨書土器がみられることも、その可能性を示唆する。

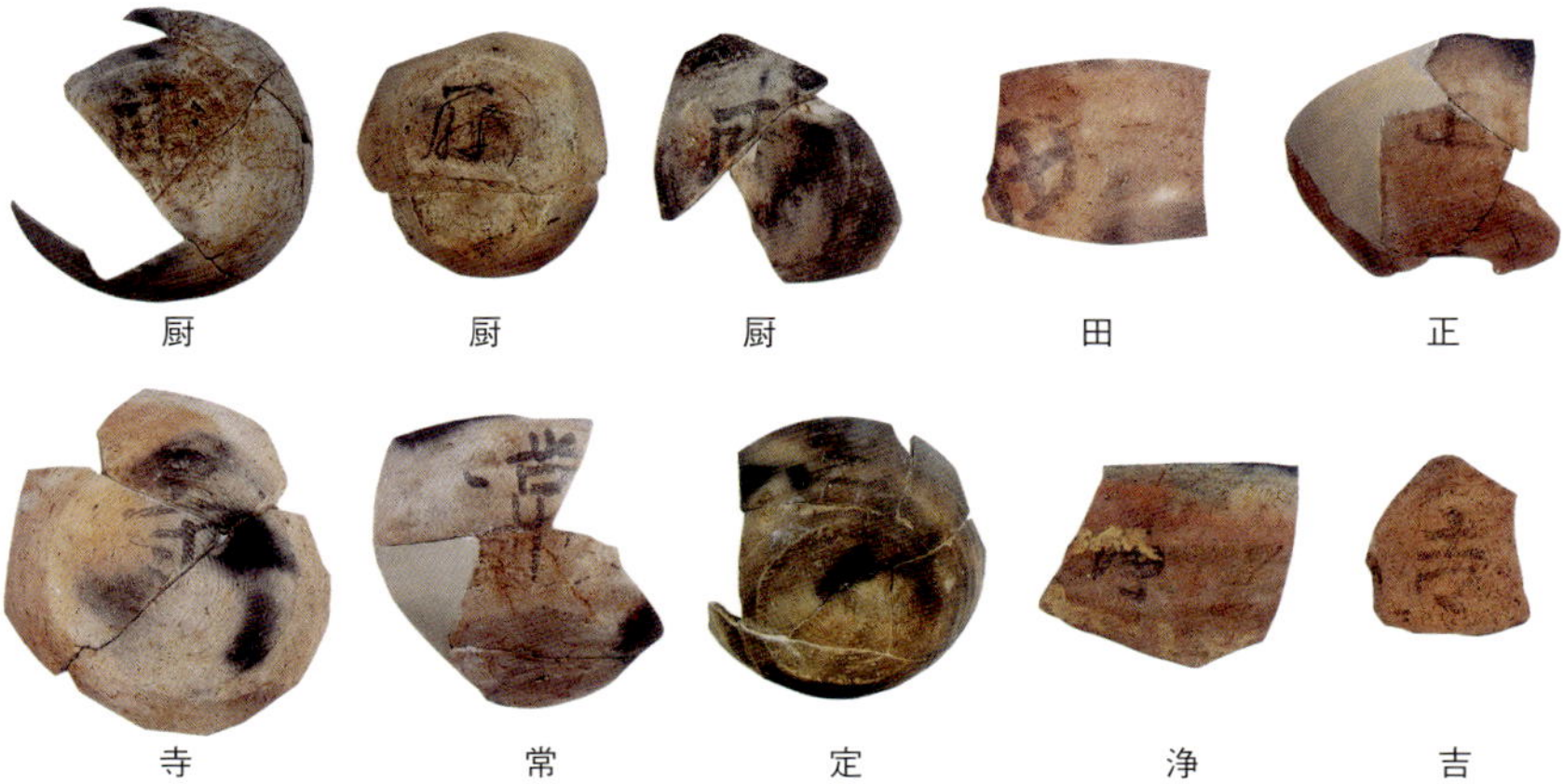


図40 ● 広畑遺跡で出土した墨書土器

出土した墨書土器も、郡衙の南西に展開した村落とのかかわりで理解すべきかもしれない。

つまり、村落の農業経営にかかわる儀礼が墨書土器出土地点でおこなわれ、その際に吉祥的な意味の墨書土器が使用されたと考えられる。「厨」墨書土器が同じ溝から一括して出土していることは、郡衙が農業経営にかかわる儀礼に関与し、厨の備品がそうした場面で使用されたことをうかがわせる。墨書は「厨」がもっとも多く、このような儀礼を郡衙が主催したとは考えられないだろうか。広畑遺跡の墨書土器は、郡衙を拠点とした農業労働力編成の姿を物語るものかもしれない。

## 6　官衙の変遷

これまでみてきた官衙施設の変遷を、簡単にまとめておこう（**図42**）。行方郡衙はその存続期間内に、二度の大きな画期があり、I・II・III期の三時期に分けて変遷をとらえることができる。

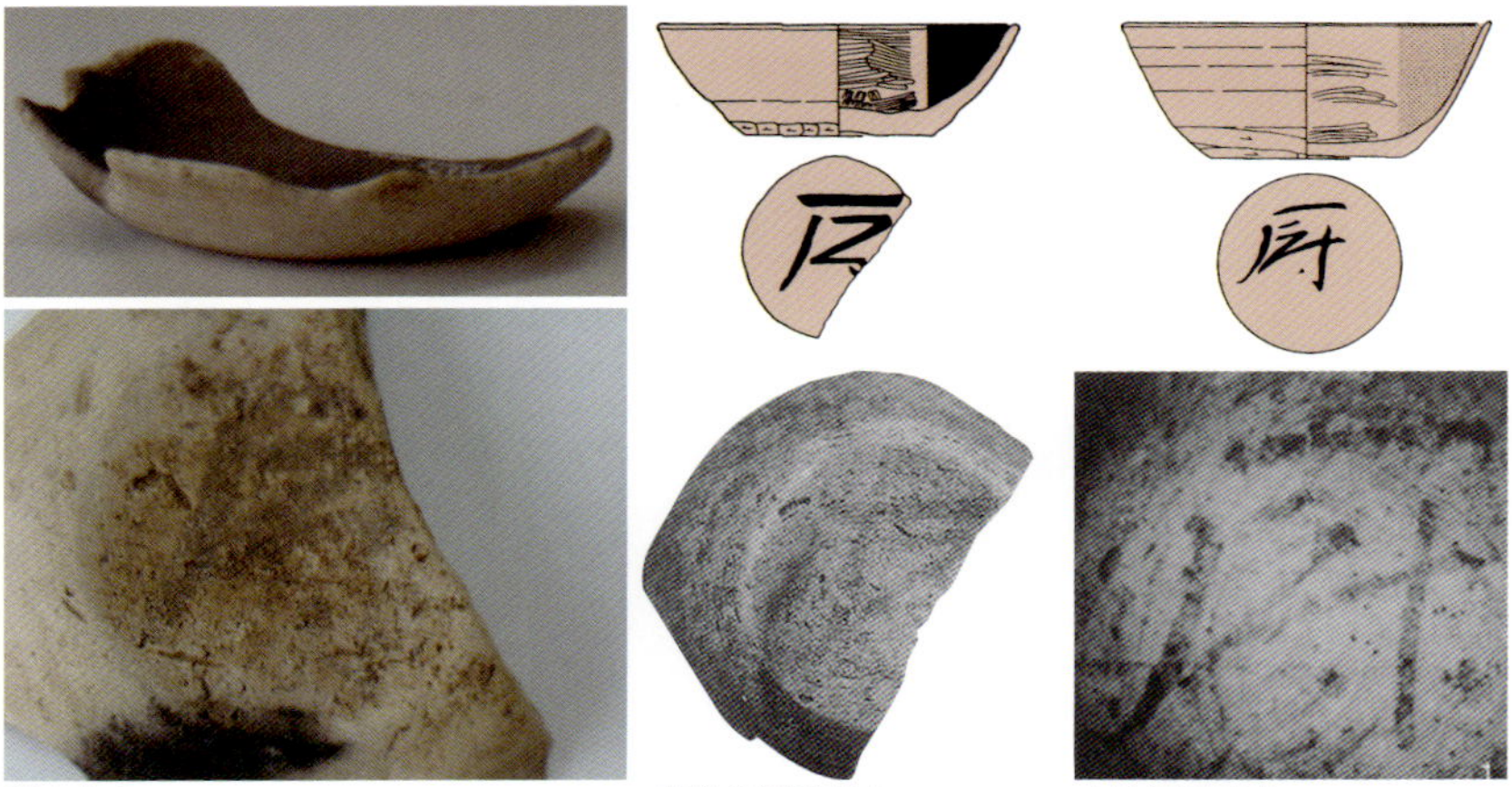

郡庁出土　荒井前遺跡出土　大迫遺跡出土

**図41 ● 厨家の供給活動を示す墨書土器**
泉官衙遺跡から離れた遺跡で「厨」墨書土器が出土していることは、
厨家が郡衙内だけでなく、離れた場所へも供給していたことを示す。

**Ⅰ期官衙（七世紀後半～八世紀初頭）**　Ⅰ期官衙は、建物や区画施設の主軸方位が真北から一六～二〇度前後東に振れる。政庁は区画の東・西・南・北辺に細長い建物をおき、院の中央北寄りに正殿を配した、地方官衙の政庁に典型的な配置を成立当初から備えていた。

政庁の北西側で確認された総柱建物は、この時期の正倉である。この時期は、官衙を構成する主要な建物が、政庁を中心として比較的コンパクトなまとまりをもっている。

**Ⅱ期官衙（八世紀初頭～後半）**　Ⅱ期官衙は、造営計画が大きく変更され、真北を向くようになる。官衙施設が充実するのは、この時期からである。郡庁院は、区画の規模や建物配置を、Ⅰ期からほとんど変更することなく、方位だけを変えて同じ位置で建て替えられる。また、郡庁院の前庭が玉石敷となっており、政庁としての格式が向上したと考えられる。

一方、正倉院は郡庁院の北西約一四〇メートルの位置に、溝で区画された東西一三七×南北一九六メートルの大規模な区画として新たに設定される。正倉院では、当初に成立した区画溝の一部が埋め戻されるとともに、新たな溝が掘削され、区画溝の改変がおこなわれている。

また遺跡の西端では、八脚門をともなう館院が、この時期になって成立している。

**Ⅲ期官衙（八世紀後半～九世紀後半）**　Ⅲ期には、郡庁院の区画の規模が拡張され、その内部に配された建物も、とくに正殿・後殿が著しく大型化する。建物配置は正殿を中心とし、略Ｈ形に変更される。

正倉院では、溝で区画された敷地の外側にも倉庫が造営され、正倉域が東側へ拡大する時期があったようだ。また、Ⅱ期に存在した町池地区の館院が廃絶する一方で、町地区の水運関連施設が整備される。広畑遺跡で墨書土器を用いた儀礼がおこなわれたのも、この頃である。

Ⅲ期建物は同位置での建て替えによる安定した変遷がみられ、この構造でもっとも長期間存続したと考えられることから、この時期を官衙の最盛期に位置づけることができる。

こうした行方郡衙の変遷過程は、当時の行方郡をとり巻く社会の変化を反映していることが予察される。この点については、第5章であらためて考えることとしよう。

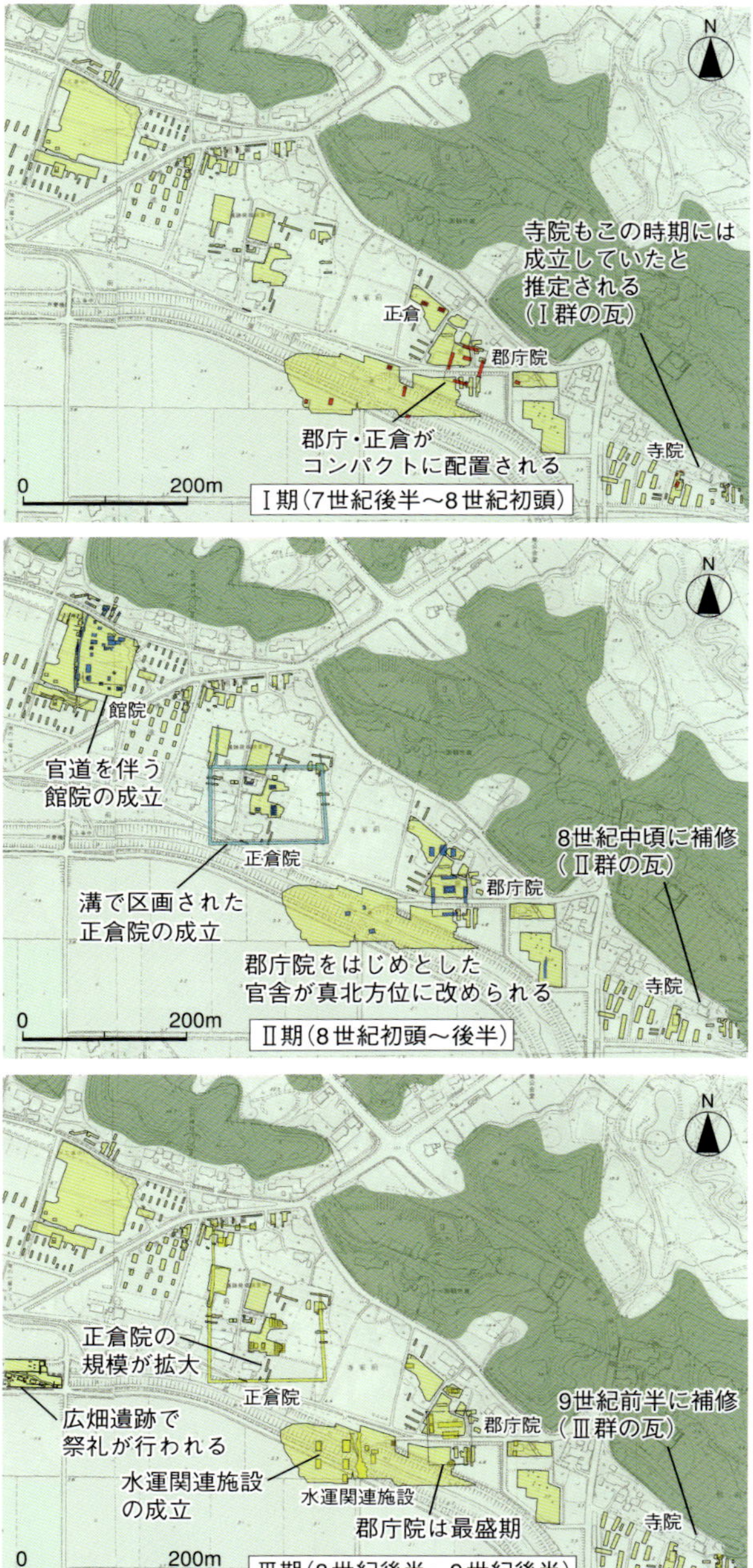


図42 • 官衙施設の変遷

# 第4章　瓦からみた寺院

## 丹塗り瓦葺きの寺があった

遺跡東端に位置する地区を、小字名にしたがって舘前《たてまえ》地区とよんでいる（図5参照）。この地区から特異な文様をもつ古瓦が出土することは、正倉院の位置する県史跡「泉廃寺跡」とともに古くから知られていた。この舘前地区での発掘調査は、圃場整備にともなって一九九八年に実施されたのが最初である。

発掘調査では、表土や瓦溜《かわらだ》まりから瓦が大量に出土した（図43左）。軒丸瓦《のきまるがわら》・軒平瓦《のきひらがわら》・丸瓦《まるがわら》・平瓦《ひらがわら》のほかに、鬼瓦《おにがわら》・熨斗瓦《のしがわら》・塼《せん》もある。しかし、この調査で確認された建物は、いずれも掘立柱建物で、これらの瓦を葺いたとするにふさわしい礎石式の堅固な基礎をもつ建物は確認されていない。また、軒平瓦には顎部《がくぶ》《あごぶ》に丹《に》の付着がみられるものがあり（図43右）、軒平瓦を乗せる茅負《かやおい》を赤く塗った建物が存在したこともわかる。

発掘調査は圃場整備の対象となった水田についておこなったため、未調査の土地、とくに水田の北側に位置する民家の敷地の地下に、そうした建物が存在した可能性が高い。出土した瓦からみて、本地区には、丹塗り・瓦葺きで塼積基《せんづみき》壇《だん》をもつ建物の存在が想定される。その性格としてもっとも有力なのは寺院であり、本地区には寺院の堂宇が存在した可能性がきわめて高い。

## 声はすれども姿は見えず

民家の下を調査するわけにはいかない。本地区に存在した寺院の実態解明については、今後の発掘調査の進展を待つこととなる。しかし、ただ待っているわけにもいかない。これまでみてきた官衙施設と並んで寺院跡が存在するとすれば、本遺跡の評価にかかわる重要な部分だからだ。現在までに得られている情報から、可能な限りその実態に迫っておく必要がある。すでに本地区の瓦の研究にとり組まれていた佐川正敏《さがわまさとし》先生は、「声はすれども姿は見えない」と評された。

前章では、主として遺構から、この遺跡に存在した施設についてみてきた。一方、本地区は、遺構の内容がよくわからないが、別のアプローチ、すなわち大量に出土した瓦の研究が、解明の糸口を与えてくれる。「瓦は雄弁だ」。これも佐川先生の言葉である。私も佐川先生の驥尾《きび》に付《ふ》して、この地区の実態の解明にとり組んでみよう。

図43●舘前地区の瓦溜まり調査状況（左）と顎部に丹の付着した軒平瓦（右）

## 主体的な三つの瓦群

日本では、近世に桟瓦《さんがわら》が発明されるまで、円筒を縦に半割りした形状の丸瓦に、ゆるく湾曲する板状の平瓦を組み合わせて屋根をおおった。これを本瓦葺《ほんがわらぶき》という（図44）。軒先には文様をもつ軒丸瓦と軒平瓦を飾り、大棟《おおむね》や降棟《くだりむね》・隅棟《すみむね》には熨斗瓦を積み、その先端は鬼瓦でふさいだ。このように、一つの屋根を葺くためにはさまざまな種類の瓦が必要であり、それらはセットで製作される場合が多い。

遺跡からは、それらが雑然とした状態で出土するが、右のような観点から、本地区で出土した瓦の特徴を調べ、特徴ごとに分類・整理していくと、いくつかのまとまりが存在していることがわかる。こうした一群の瓦は、ある時期にセットとして製作・焼成されたものと考えてよい。そして、複数の群が存在することは、その造営期が複数あったことを示している。本地区で出土する瓦は、大きくI群：植物文、II群：単弁細弁蓮華文《たんべんさいべんれんげもん》、III群：有蕊弁蓮華文《ゆうずいべんれんげもん》、

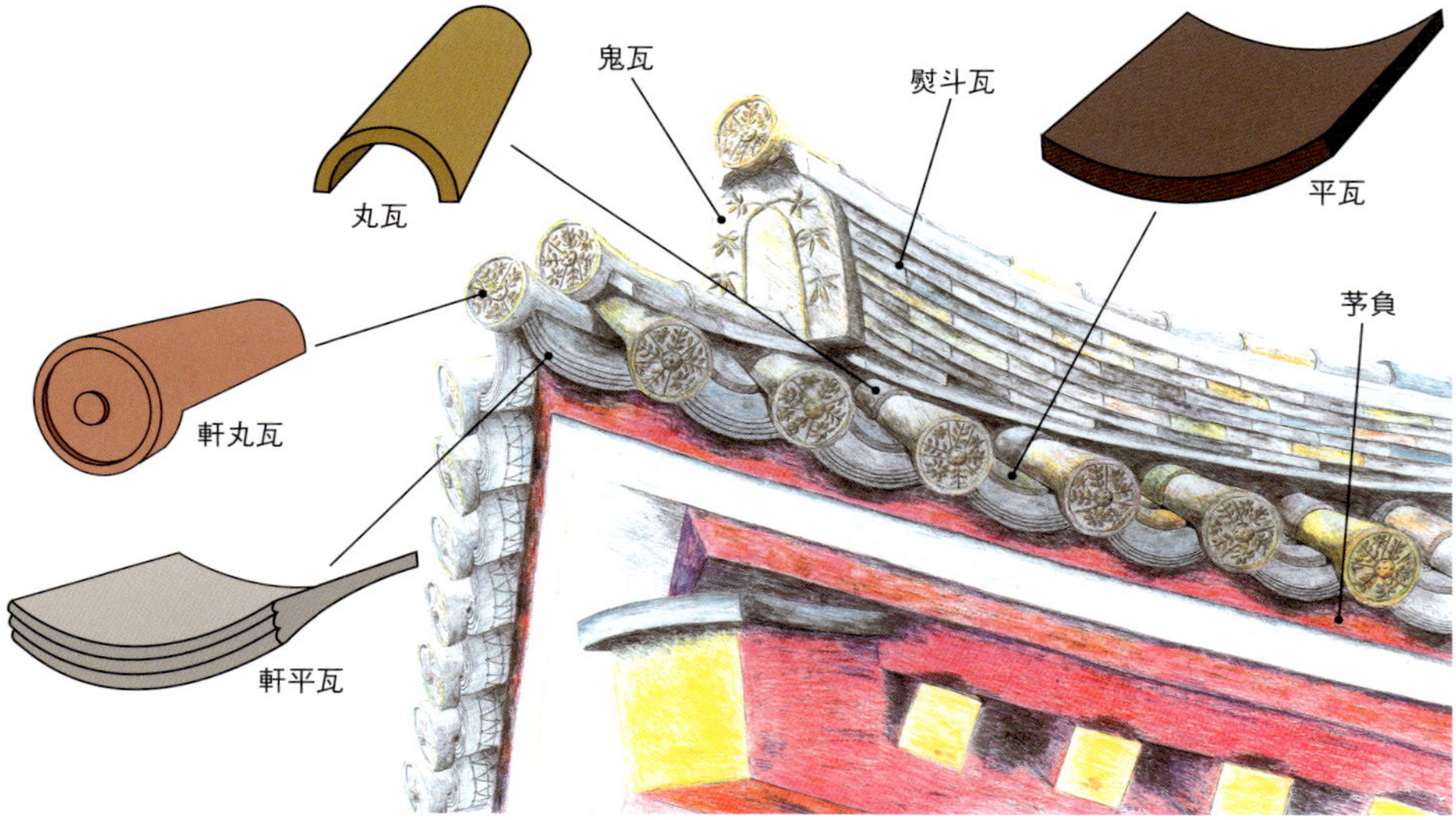


**図44 ● 本瓦葺の屋根**
軒先には軒丸瓦の特異な花葉文がみえ、軒下から見あげると軒平瓦の顎部の三角文が並んでみえる。

その他に大別できる。

## 1　寺院の創建——Ⅰ群の瓦

### 謎の花葉文

館前地区でもっとも多く出土する軒丸瓦は、「花葉文《かようもん》」とよばれる文様をもつものである（図45）。独立した三つの花文《かもん》と、茎から葉が左右対称に開く葉文《ようもん》を交互に配して、瓦当《がとう》文様を構成したもので、花と葉を組み合せた文様であることから、こうよばれている。

日本古代の軒丸瓦の文様は、瓦当面全体に一つの蓮華花をあらわす「蓮《れん》華文《げもん》」が一般的である。花葉文軒丸瓦のように、瓦当面に独立した花を三つもあらわした文様は類例がない。したがって文様のモデルとなる瓦が別にあるのか、まったく独自に考案されたものか、いまも謎のままである。

Ⅰ群はこの花葉文軒丸瓦に代表される、独特の植物文がみられる瓦である。

本瓦葺の建物を新たに建設する場合、一連の瓦のセットが大量に生産されることとなる。花葉文軒丸瓦の出土量が多いことから、これが本地区に総瓦葺の建物を建設するのに際し、はじめに大量に生産された瓦であったと特定できる。

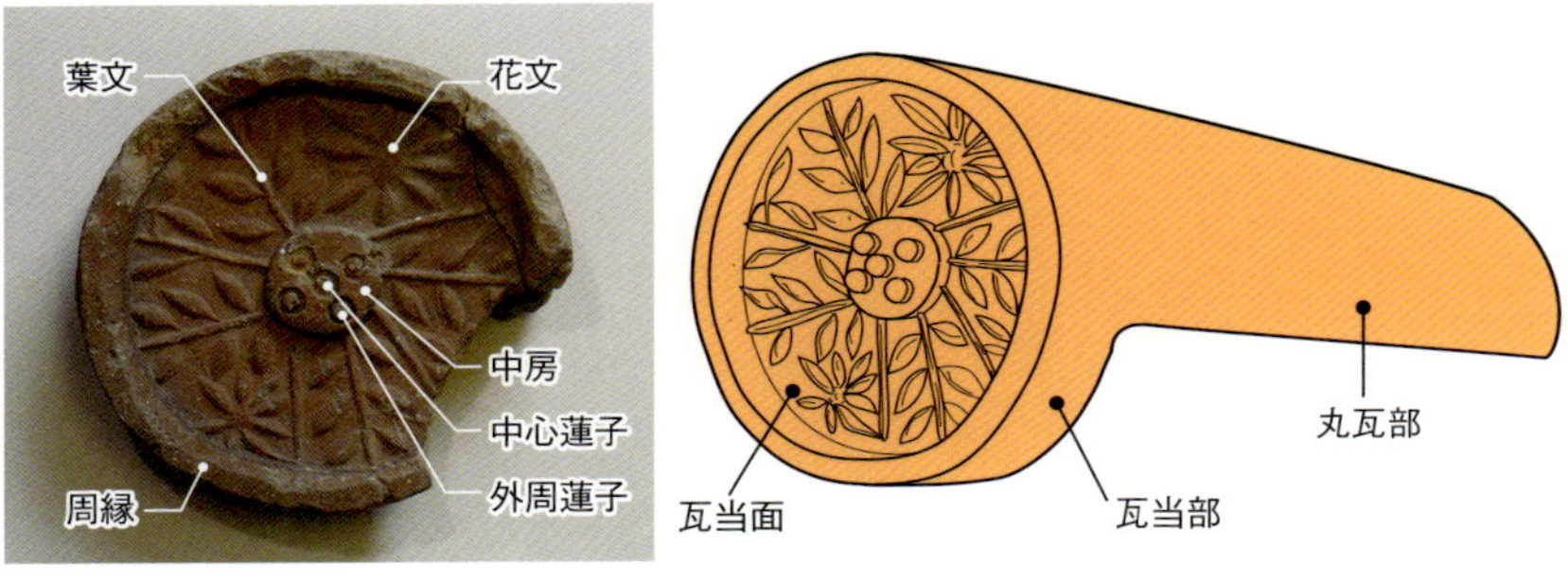


**図45 ● 花葉文軒丸瓦の文様**
花文の中央には「花托」をあらわした高まりがある。

## 瓦の笵は変遷の手がかり

軒丸瓦の文様は、一般に、文様の凹凸を逆に彫刻した木製の笵《はん》（型）を、粘土に押圧することによって施文する。花葉文軒丸瓦の笵は、柾目材《まさめざい》を用いた一種類のみであるが、同じ笵を使

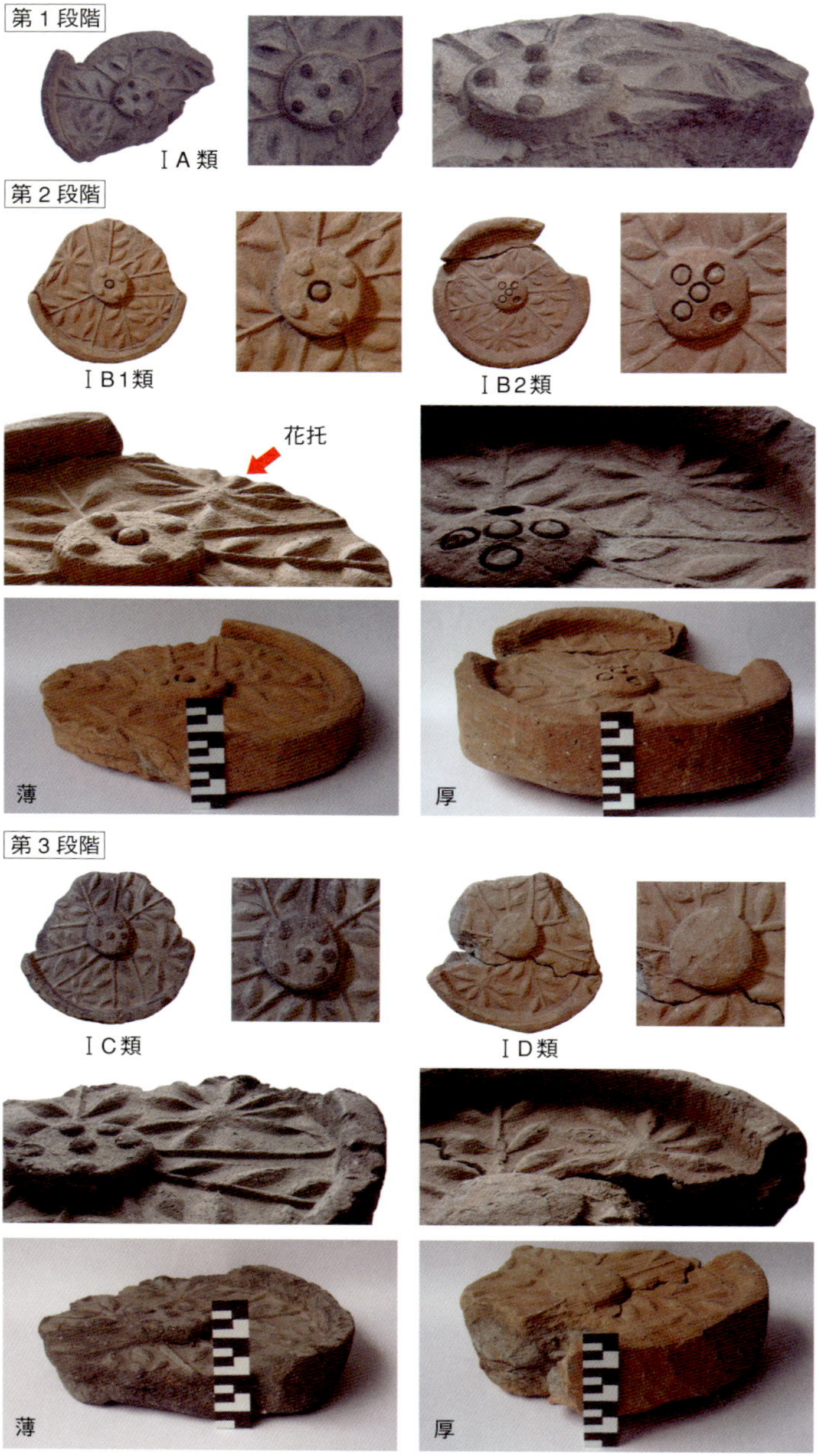


**図46 ● 花葉文軒丸瓦の細部の特徴の違い**
瓦当部の厚・薄の違いは工人差、追刻のような改笵は時期差を示す。
図の上から下へ瓦が変遷したと考えられる。

用して瓦の製作を継続するなかで、彫り直しや追刻などの改笵がみられる。その過程から、この瓦の製作には三段階の変遷があったことがわかる（**図46**）。

**第一段階**　笵の彫り込みによって中房《ちゅうぼう》に中心蓮子《ちゅうしんれんじ》一つと外周蓮子《がいしゅうれんじ》四つを表現し（以下、一＋四と表記する）、花文の中央が平坦な段階である（ＩＡ類）。後出の型式のように、花文の中央に花托《かたく》を表現した高まりがない。

**第二段階**　花文の中央に、第一段階ではみられなかった丘状の高まりがある。製品で高くあらわれる部分は、笵では彫りくぼめられている部分だ。笵に花托をあらわす高まりを彫り足しているのである。したがって、高まりがない段階よりも新しいということになる。この段階では、中房の中心蓮子に竹管《ちっかん》状工具の刺突で円文を施文するもの（ＩＢ1類）と、笵の押圧であらわれた蓮子をすべて削りとった後に、同じく円文で、一＋四の蓮子を表現するもの（ＩＢ2類）がある。

**第三段階**　中房の外周蓮子が一つふえて一＋五となる段階（ＩＣ類）。それまでの笵に蓮子を一つ彫り加えたもので、第二段階より新しい。このほか、蓮子を削り落とし、中房が無文となっているもの（ＩＤ類）がある。竹管による施文を省略した後出的なものである。

## 瓦工集団は二グループか

これらの軒丸瓦には、瓦当部を一・五〜二・五センチと比較的薄手につくるものと、三・五〜五・五センチと厚くつくるものがある。これには、前述した中房の特徴との間に対応関係がある。文様ⅠB2・ⅠD類は瓦当が厚く、ⅠB1・ⅠC類は瓦当が薄い、といった具合に、一定の決まりがあるのだ。なお、ⅠA類は厚・薄の両者がある。また、文様の天地、すなわち瓦当に押圧された笵の向きも、これに対応する。三つの段階を通じて認められる厚・薄の特徴の違いは時期差ではなく、これらの瓦を製作した工人の手法の違いを反映する可能性が高い。

## 瓦の組み合わせ

屋根の軒先には、軒丸瓦と軒平瓦が交互に並ぶ。したがって、通常、セットとなる軒丸瓦と軒平瓦は、出土数に対応関係があるはずである。この考え方でみると、花葉文軒丸瓦に組み合う軒平瓦は、同様に出土量の多い重弧文軒平瓦《じゅうこもんのきひらがわら》と考えられる（図47）。後に使用される軒平瓦の多くが笵型《はんがた》による瓦当文様であるのに対し、重弧文軒平瓦はそれより古い様式であり、この点も、花葉文軒丸瓦—重弧文軒平瓦がセットとなって、本地区の瓦葺建物における創建期の瓦とする考えを補強する。重弧文軒平瓦には二・三・四・五重弧文がある。

## 軒平瓦の顎面文様

軒平瓦が軒先に葺かれたとき、正面を向く瓦当面に対し、その下側に位置する面の先端を顎部、その表面を顎面《がくめん》《あごめん》とよぶ。本地区から出土する軒平瓦は、顎面に文様の施文されるものが多い。屋根を軒下から見上げたときに、軒先に突き出した瓦の顎面が見え、軒先に並んだ軒平瓦の顎面文様が連続して見える効果を意図したものである。

重弧文軒平瓦の顎面文様は、ヘラにより横線と斜線を引いて描いた三角文と、軒丸瓦と同じように竹管状の工具を刺突した円文を組み合わせており、いくつかのバリエーションがある。この顎面文様も、本地区の瓦の特異性のひとつだ。少数の例外はあるが、瓦当文様が三重弧文だと、顎面文様は三段の三角文を施文したもの、四重弧文では三角文が二段のものがともなうという決まりがあるようだ。なお、成形時に施された叩き締めの工具の圧痕にも二種類があって、これも瓦当文と顎面文の違いに対応している。

軒平瓦の叩き目や主体となる瓦当文と顎面文が二種類あることは、組み合う花葉文軒丸瓦に厚・薄の二者が存在することと対応する事実だ。製作した工人は二グループだろう。それに加え、軒平瓦は軒先に葺かれた際に、同じ型式のものが並んでいたと想像される。顎面文様が連続して見えるためには、同じ文様を並べる必要があるからである。したがって、顎面文様の違いは、方形の平面をもつ建物の面の違いや、葺かれた建物の違いを反映している可能性が高い。

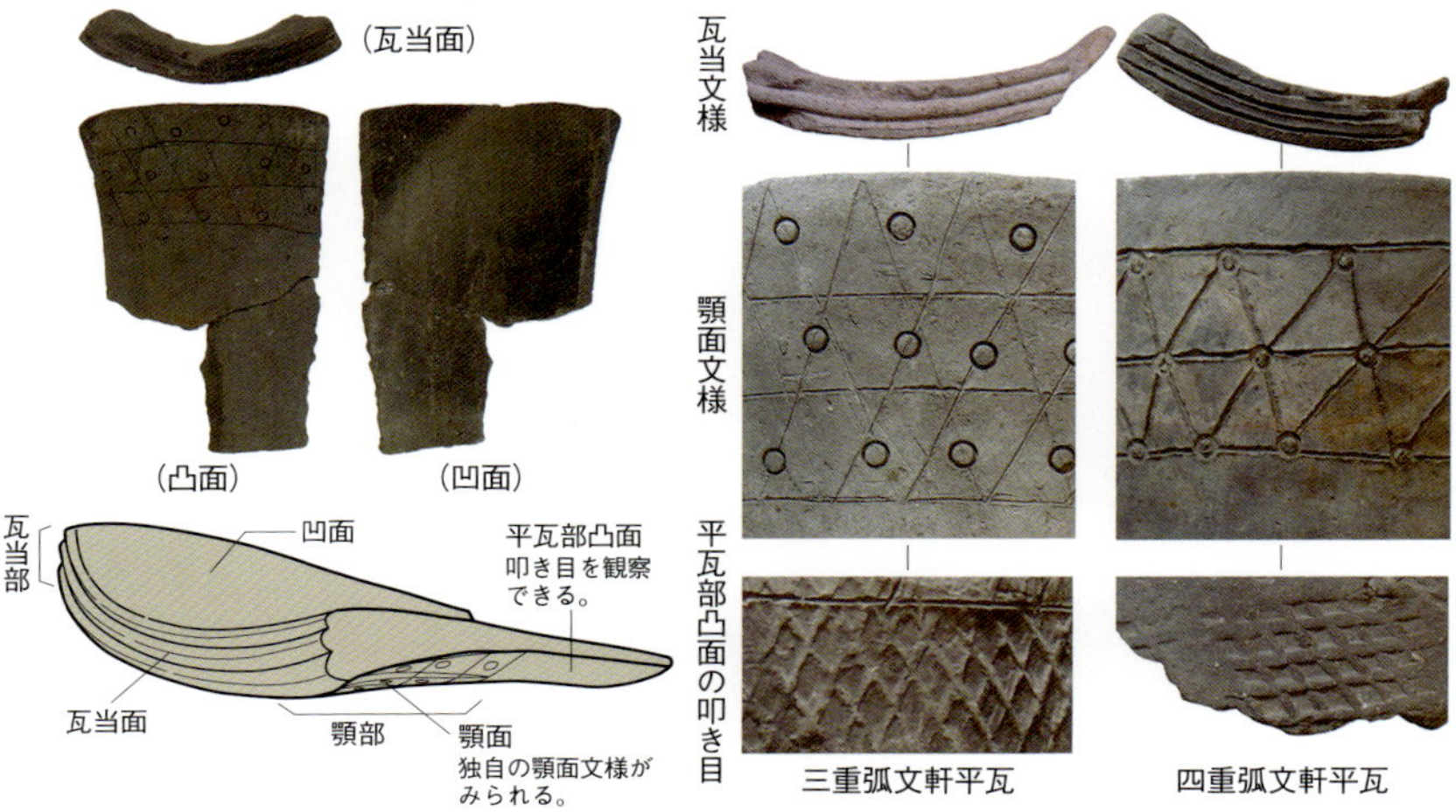


**図47 ● 重弧文軒平瓦の特徴**
花葉文軒丸瓦の厚・薄に対応して、顎面文様や叩き目が異なる2グループがある。

## 花葉文を模倣した花文軒丸瓦・木葉文軒平瓦

植物文を表現した瓦は、このほかに花葉文を簡略化した花文軒丸瓦《かもんのきまるがわら》がある（図48）。その一つは中房の蓮子が一＋五の構成をとる（花文軒丸瓦Ⅱ類）。おもしろいことに、この瓦は外周蓮子が中房を四等分した位置に四つ、その間に一つを加えた不均一な配置となっている。これは、花葉文軒丸瓦ⅠC類の追刻された蓮子の配置をそのまま模したとみることができる。花葉文軒丸瓦の第三段階よりさらに新しいことになる。

　このほか、花葉文軒丸瓦から葉文を省略し、花文だけを四単位表現したものもある（花文軒丸瓦Ⅰ類）。一方、軒平瓦には葉文だけを表現したものがある。前段階の簡素な重弧文とは異なり、この木葉文軒平瓦では、文様を笵で施文するようになった。そこで、花と葉の文様で構成される花葉文の図案から、花文と葉文を軒丸瓦と軒平瓦に分けて表現したと考えられる。文様のデザイナーの思考が伝わってくる。

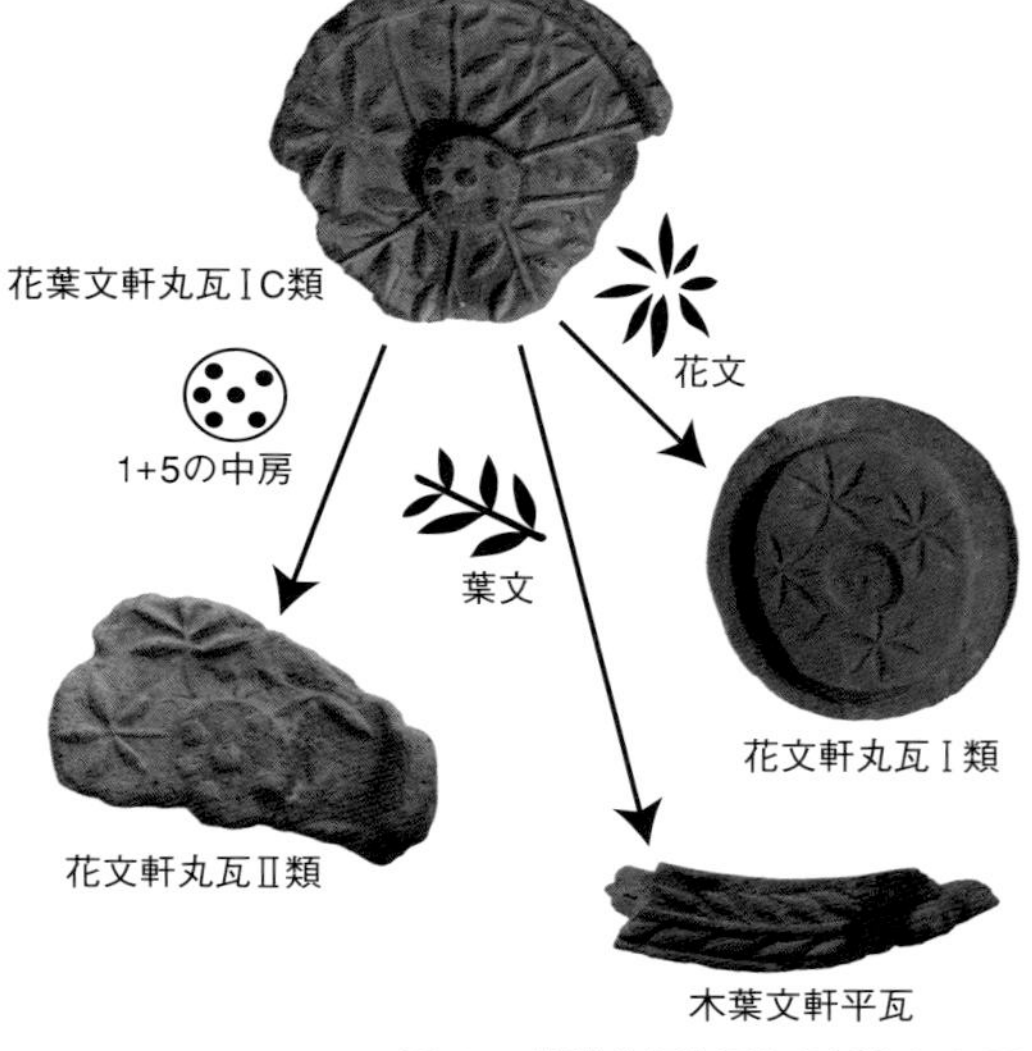

図48●花葉文軒丸瓦から派生した瓦

## 伽藍の完成

当地区で出土した鬼瓦は、花葉文・花文に似た植物文様をもつものである。また、平瓦・丸瓦・熨斗瓦そして、塼にも重弧文軒平瓦と同様の叩き目がみられるものがある。これらはいずれもI群とセットになるものと考えられる。

このようにI群は、総瓦葺きの建物に必要な各種の瓦が揃っていることから、大規模な瓦葺建物の造営が、I群の生産とともにおこなわれたことは間違いない。この時期に、二つ以上の堂が造営されたと考えられ、大量の瓦の需要に対応するため、複数の工人グループが組織されたのであろう。造営は大規模で長期におよんだことが推測される。

この時期に、舘前地区の寺院では、独特の植物文で意匠が統一された瓦を使用した中心伽藍が成立した。そして、このI群の瓦群の生産終了をもって、寺院の造営は一段落したと推定される。その時期は、次に述べるII群の年代から、七世紀末〜八世紀前半までと考えられる。

## 2　天平期の補修——II群の瓦

### II群は補修瓦

I群の瓦が葺かれた伽藍の完成から数十年を経た八世紀中葉に、II群の瓦が生産される。単弁細弁蓮《たんべんさいべんれん》華文軒丸瓦《げもんのきまるかわら》と偏行唐草文軒平瓦《へんこうからくさもんのきひらがわら》に代表される瓦群である。II群にともなう軒平瓦には、I群にみられる顎面文様をかなり簡略化した文様のみられるものが

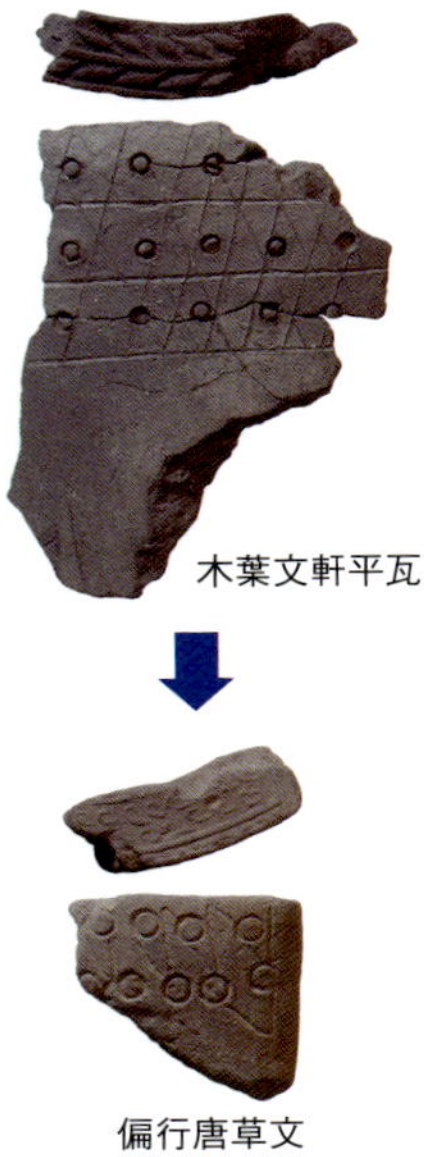


図49 ● 顎面文様の退化
II群の瓦はI群の要素を一部に引き継いだ。

ある（図49）。Ｉ群の整った顎面文様を、その本来の意味を理解しない製作者が、形だけ模倣したのである。したがって、Ⅱ群はＩ群の後に位置づけられる。出土量は多くない。Ｉ群のときに造営された堂宇の補修用に生産・供給されたものであろう。

## 文様の系譜をたどる

Ⅱ群についての佐川正敏先生の研究を紹介しよう。

佐川先生はⅡ群の瓦の文様が、陸奥《むつ》国府《こくふ》である多賀城跡《たがじょうあと》出土の軒丸瓦と軒平瓦を模倣したものであることを指摘した。多賀城のセットは、平城京で出土する軒瓦のセットをモデルとしたと

図50 ● 中央からの瓦当文様の伝播

考えられている（図50）。平城京のこの種の瓦は、左京三条二坊八坪北の二条大路上に掘られた東西溝から、天平七～一〇年の木簡とともに出土している。二条大路沿いのすぐ南は旧長屋《ながや》王《おう》邸で、皇后宮《こうごうぐう》と藤原麻呂《ふじわらのまろ》邸があった。佐川先生は、この瓦を藤原麻呂邸に葺かれたと考え、七三七年（天平九）に持節大使《じせつたいし》として陸奥国に赴任した麻呂によって、文様がもたらされたと推定した。そして、泉官衙遺跡舘前地区のII群の文様は、この多賀城の瓦を直接のモデルとして製作されたと考え、七三七年を大きく下らない年代と推定したのである。II群の文様の系譜を国府多賀城から中央までたどり、精緻な論証で実年代を与えたすばらしい研究だ。よってI群の瓦には、それよりさかのぼる年代が与えられる。

　II群は国府多賀城とのかかわりで成立した文様であった。この時期の補修には、国府の関与があったと考えられる。

## 3　平安時代の補修――III群の瓦

舘前地区で多く出土する瓦に、二～三本の蕊《しべ》をもつ大ぶりな花弁を特徴とする蓮華文をあらわした有蕊弁蓮華文軒丸瓦がある。泉官衙遺跡で出土するこの系統の軒丸瓦には三種の笵がある。その製作技法は、半割りする前の円筒状の丸瓦を瓦当裏面に接合し、不要部分を切り取るという特殊なものである。

　これらの軒丸瓦は、北西約三・五キロに位置する植松廃寺《うえまつはいじ》や福島市腰浜廃寺《こしのはまはいじ》に類似の文様がみられる（図51）。泉・植松・腰浜のこの種の瓦の文様には模倣関係があるのだ。どちらがどちらを真似たのか。

植松廃寺例に比して泉官衙遺跡例のほうが、文様が凸線による簡素な表現となっている。また、腰浜廃寺例は植松例、泉例より文様が崩れており、これらを模倣したものと考えられる。したがって、植松廃寺例がこの種の文様の祖型である。Ⅲ群にみられる特殊な製作技法は、植松廃寺や腰浜廃寺の同系瓦にも認められる。

泉官衙遺跡例と植松廃寺例には、瓦当の裏面に丸太の小口で押圧を施した特徴的な圧痕が共通してみられる。しかし、泉官衙遺跡のほうが技術的に稚拙で、瓦当文様と同様、技法も植松廃寺のそれに倣ったものである可能性が高い。

## 在地氏族による改修か

植松廃寺の瓦は、近接する入道迫《にゅうどうさく》窯跡で生産さ

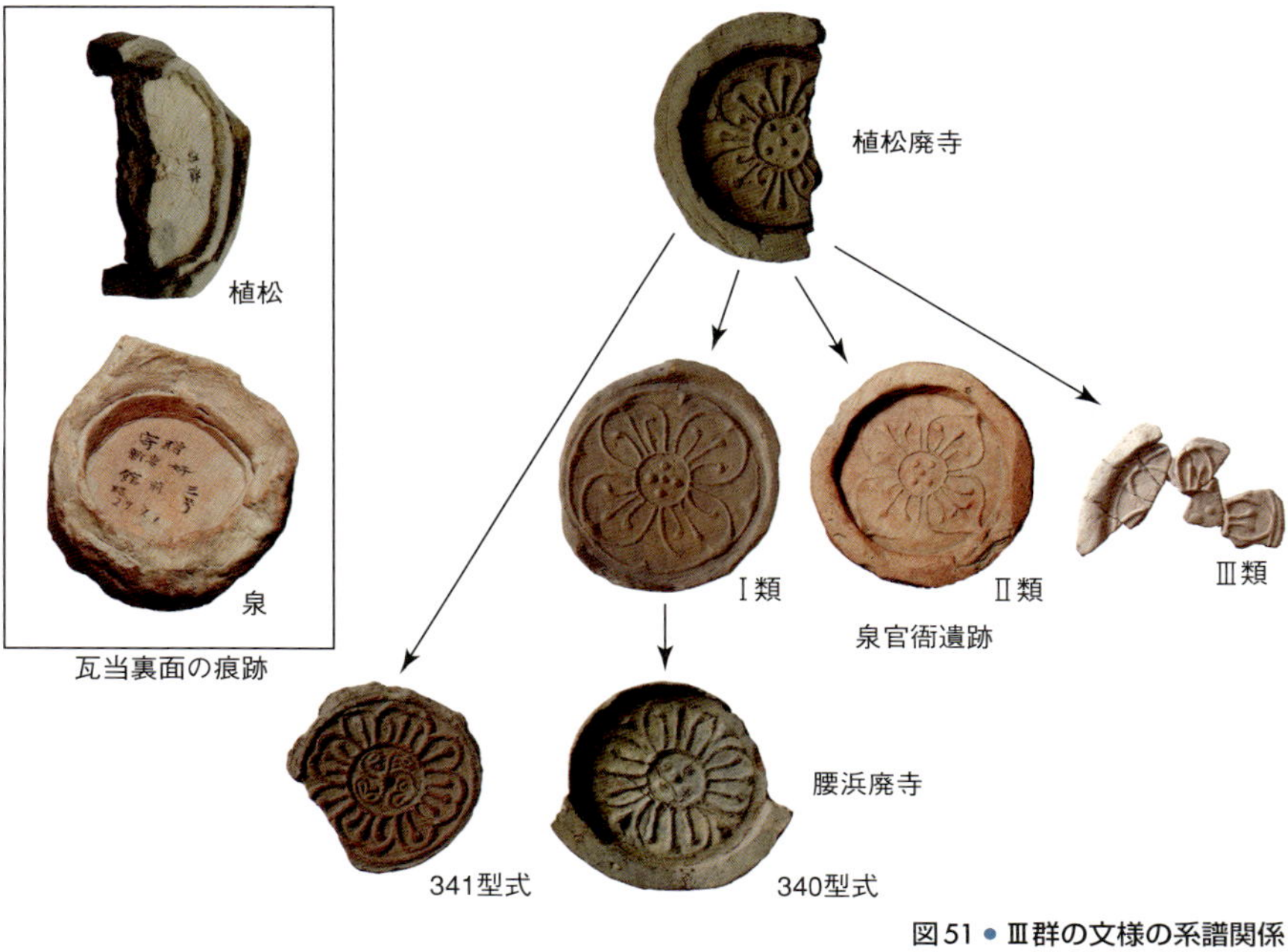

図51 ● Ⅲ群の文様の系譜関係

れた。共伴する須恵器から、九世紀前半と考えられる。泉官衙遺跡例の年代も、これとさほど時期を隔てていないだろう。舘前地区の寺院では、天平期の補修の後、数十年を経た平安時代に、再び大規模な補修がおこなわれたことがわかる。

Ⅰ・Ⅱ群の瓦は、泉官衙遺跡の南方六キロの位置にある京塚沢《きょうづかさわ》窯跡で生産されたことがわかっているが、同窯の操業は、その後衰退したと考えられる。それにかわって、九世紀には植松廃寺の造営にともなう新たな生産地が成立していた。Ⅲ群は、軒丸瓦の特殊な製作技法や平瓦のつくり方など、前段階までのⅠ・Ⅱ群とは、文様・技法ともに系譜が異なり、植松廃寺の影響が顕著にみられる。植松廃寺の造営者は、近くに住む有力な氏族と考えられ、彼らが舘前地区の寺院の補修にも深く関与したことがうかがえるのである。

## 郡衙と寺院

舘前地区の寺院は、郡の中枢となる郡庁・正倉などの官衙施設の東約三〇〇メートルの位置に近接し、郡衙の施設が成立する七世紀末に、これと軌を一にして創建された。複数の堂宇をそなえた、本格的な伽藍をもつ寺院であったと考えてよい。以後、少なくとも九世紀代までは、補修がくり返されて存続した郡内の中核的な寺院と考えられる。その造営や改修の過程は、瓦におけるⅠ群→Ⅱ群→Ⅲ群の変遷に示されている。

舘前地区に存在した寺院の「姿」は、どのようなものだったのだろうか。今後の調査成果が待たれる。

# 第5章　行方郡の地域社会

## 1　行方郡の成立と在地氏族

### 国造の領域と行方郡

律令制成立前夜、古墳時代後期から終末期（六世紀後半〜七世紀前半頃）の日本は、大和政権が全国の有力な氏族を「国造《くにのみやつこ》《こくぞう》」に任命し、各地域を支配していた。

各地の国造の名前と由緒が記された「国造本紀《こくぞうほんぎ》」をみると、陸奥南部太平洋岸地域には、思《おもい》国造・浮田《うきた》国造・染羽《そめは》国造・石城《いわき》国造・道奥菊多《みちのおくきくた》国造の名がみえる（**図52上**）。この国造がおかれた地域こそ、当時の大和政権の支配下に組み入れられた地域であり、陸奥南部はその北端にあたる。そして、七世紀中頃になると、各国造の勢力圏（以下ではクニとよぶ）が律令制の行政区画である評《こおり》《ひょう》（後の郡《こおり》《ぐん》）に移行した（**図52下**）。思国造であった氏族は亘理《わたり》評、浮田国造は宇多《うだ》評、染羽国造は標葉《しめは》評といったように、国造は評の役人、すなわち評督《ひょうとく》に任命されたと考えられる。

しかし「国造本紀」には、宇多評と標葉評の間に位置する「行方《なめかた》」の前身となる地域に対応する国造名が記されていない。行方評は、国造のクニを反映しない新たな評として成立したと考えられるのだ。そして、その領域は北の浮田国造と南の染羽国造のクニの一部をさいて、新

律令制成立前夜の陸奥南部

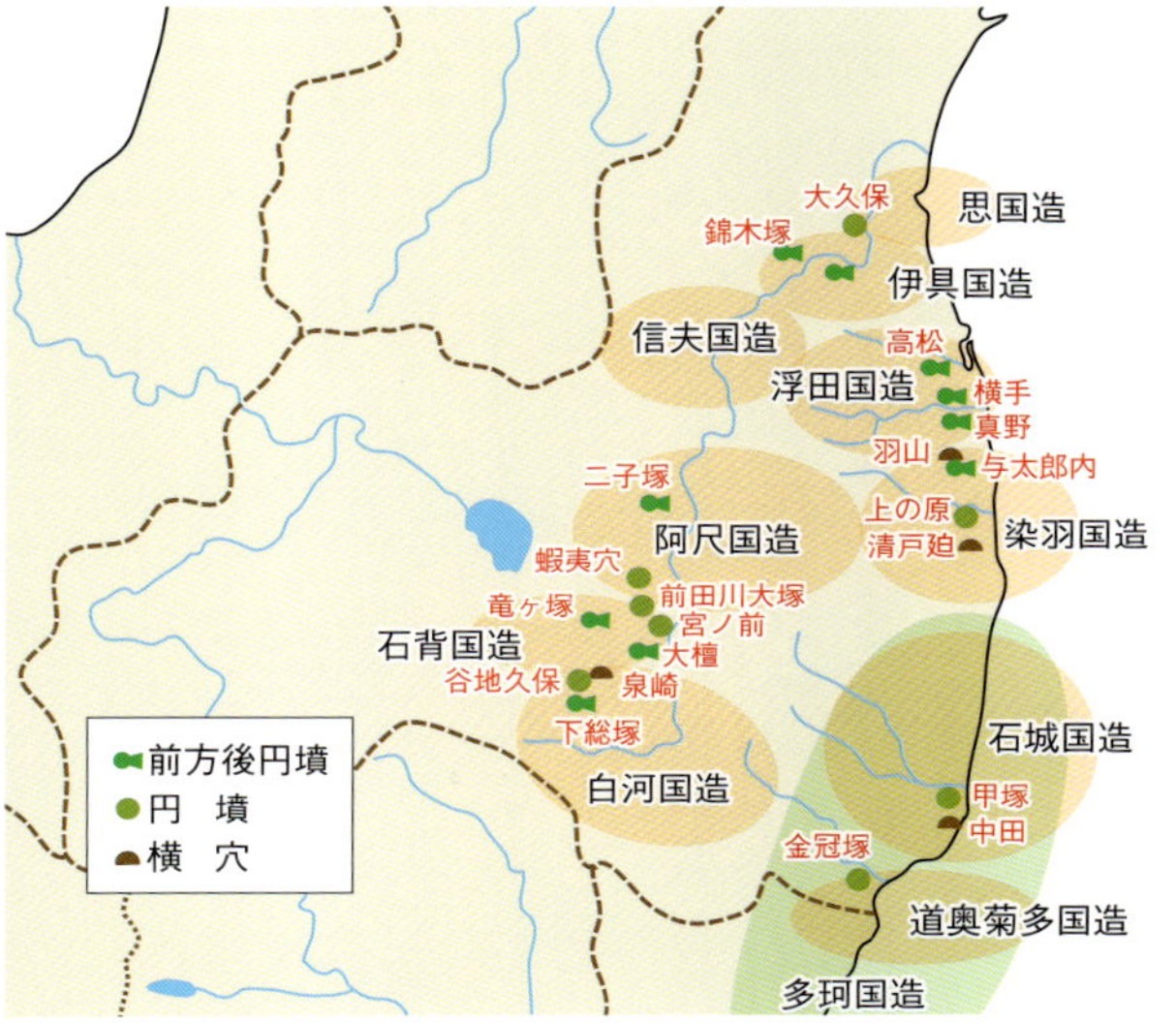


律令制成立期の陸奥南部

図52 • 律令制成立前後の陸奥南部

たに設定されたものであったと推測される。

なぜ行方評は、前代の国造のクニを反映しない新たな評として成立したのだろうか。

## 行方郡の在地氏族

後の行方郡の範囲における、国造が存在した時期の在地氏族の勢力分布を、彼らの墓域であった後期古墳群と終末期横穴墓群の分布から推定してみよう（図53）。灌漑など農耕にともなう大規模な協業労働をおこなうための共同体は、河川の流域を単位として形成されていたと考えられる。そこで前方後円墳を含む古墳時代後期の古墳群を、墳丘の規模や埋葬主体部、副葬品の内容などから行方郡内を流れる河川の流域毎に比較すると、相対的に優勢な在地首長の本拠地は、真野《まの》川流域（北岸に横手《よこて》古墳群、南岸に真野古墳群）と太田川流域（与太郎内古墳群）に存在したと考えられる。これらの古墳群に近接して、古墳時代終末期の横穴墓群が営まれる。なかでも太田川流域には、玄室に装飾壁画を施し、鉄製直刀《ちょくとう》や金銅装大刀《たち》片、馬具等の豊富な副葬品をもつ羽山《はやま》一号横穴を含む羽山横穴墓群が存在し、もっとも優勢な首長系譜が存在したと考えられる。

ところで、こうした横穴墓群からは古墳時代終末期の遺物だけでなく、のちの奈良時代や平安時代の土器が出土することが少なくない。これは追葬や墓前祭にともなうものとみられ、これらの墓域が律令制成立後も機能を失うことなく、首長の系譜が続いていたことを示している。

真野川流域の横手古墳群には横手廃寺、真野古墳群には真野古城跡、新田川北岸の北山古墳群には植松廃寺が近接して存在する。これらは奈良・平安時代に造営された寺院跡と推定され、先にみた在地有力氏族の古墳に近接することから、古墳時代以来の在地氏族が、みずからの本拠地に造営した氏寺と考えられる。また太田川河口ちかくの丘陵上に位置する京塚沢窯跡は、行方郡衙に隣接する寺院に主体的に瓦を供給した窯である。この地区の有力氏族が同窯を掌握し、郡衙隣接寺院へ向けた瓦の生産に深く関与したと考えられる。

図53 ● 行方郡内の勢力範囲
後の行方郡の範囲内に存在する古墳は、郡内の勢力分布を推定する手がかりとなる。有力古墳の分布と対応するように、氏寺とみられる古代寺院が存在する。図2に示した郷の配置とも関係があると思われる。

このように、行方郡の領域における在地氏族の勢力分布をみると、郡内に複数の有力氏族が河川の流域毎に分立していたこと、そして国造の時代であった古墳時代後期以来のそれが、律令時代になってもあまり変わることなく引き継がれ、存続したと考えられる。律令時代には、彼らが郡司階層を構成したのである。

## 行方評の成立

陸奥国南部の郡衙《ぐんが》は郡内の最有力な古墳に近接し、在地有力氏族の本拠地に設置されるケースが多い。このことは、前代に国造であった在地の最有力氏族が、律令制の成立とともに評督に任用される一般的なありかたをよく物語っている。これに対し、行方評では、在地有力氏族の本拠地が、いずれも内陸部に位置する一方、行方評衙（泉官衙遺跡）はそこから離れた新田川の河口に設置されている（**図53**）。

行方評衙の北一・五キロの地点には、律令国家の対蝦夷政策を支えた金沢地区製鉄遺跡群が位置する（図

図54 ● 泉官衙遺跡と金沢地区製鉄遺跡群

54)。同遺跡群では、行方評が成立する前後にあたる七世紀後半に製鉄の初現が認められる。行方評衙、すなわち泉官衙遺跡Ⅰ期官衙の成立も、この時期にさかのぼる可能性が高い。評衙の創設と金沢における製鉄の初現とは、おおむね軌を一にしていたと考えられる。両者が至近に位置する点からも、官衙が製鉄と密接なかかわりをもって設置されたことがうかがえる。

このことは、行方評が前代以来の国造のクニを反映しない新たな領域として成立したことと深くかかわる。行方評は、律令国家の東北経営のための製鉄を担うことを、その成立当初から大きな役割としてもっていたのではないだろうか。

## 2　行方郡と製鉄

### 行方郡衙と製鉄のかかわり

第3章でみたように、金沢地区製鉄遺跡群大船迫《おおふなさく》A遺跡の「廐酒坏《うまやさかつき》」墨書土器や、大迫《おおさく》遺跡での「厨」墨書土器の出土から、郡衙の館や厨家が金沢の鉄生産の現場へ食糧を供給していたと考えられる。鉄生産の一連の作業には、原料となる砂鉄や炉の構築材となる粘土の採取、燃料となる樹木の伐採や製炭など、大規模な協業労働が必要となる。公共的な事業としておこなわれる鉄生産のために郡衙が必要な労働力を徴発・編成し、生産物の管理や、技術者への食事の供給をおこなった。その経費は、正倉に収められた稲から支出されたと考えられる。このような形で郡衙の関与のもと、金沢で集約的に鉄生産をおこなう体制であったと考えられる。言いかえれば、この時期の製鉄の直接の経営主体は郡であった。

なお、本地域への製鉄技術の導入は、西日本に系譜をもつ長方形箱型炉によっておこなわれた。その後、八世紀後半に一時的に関東系の竪型炉が導入され、技術革新を経ているものの、導入期以来の箱型炉が、古代を通じて用いられる。郡衙による労働編成のもとでの製鉄は、その技術が在地で保持されるうえで、大きな役割を果たしたのではないだろうか。

## 製鉄の背景

製鉄技術が移植され、さかんに鉄生産がおこなわれた背景には、陸奥国内におけるこの地域の役割がある。陸奥南部は関東とともに、宮城県域以北でくり広げられた蝦夷政策における後方支援地域として位置づけられ、本地域で生産された鉄は、そのための武器・武具の製作に用いられたと考えられる。とりわけ、八世紀後半から九世紀初頭にかけての時期には盛んな操業がおこなわれており、その背景には七八〇年（宝亀一一）に伊治君呰麻呂《これはりのきみあざまろ》の乱を契機として始まった蝦夷との三八年間にわたる戦争があったことが指摘されている。

この時期の関東系の竪型炉の一時的な導入は、有事に際して関東の技術者が製鉄に動員された結果と考えられ、律令国家の対蝦夷政策において、本地域が関東の諸国とともに果たした役割を如実に示している。そしてこの時期を境に、金沢で集中的におこなう製鉄のありかたから、郡内の各地に分散して操業するありかたへと転換していく。

## ３　手工業生産の展開と地域開発

### 製鉄の展開とⅢ期官衙

図55は、行方郡内の製鉄や窯業などの生産遺跡の分布をまとめたものである。行方郡衙や金

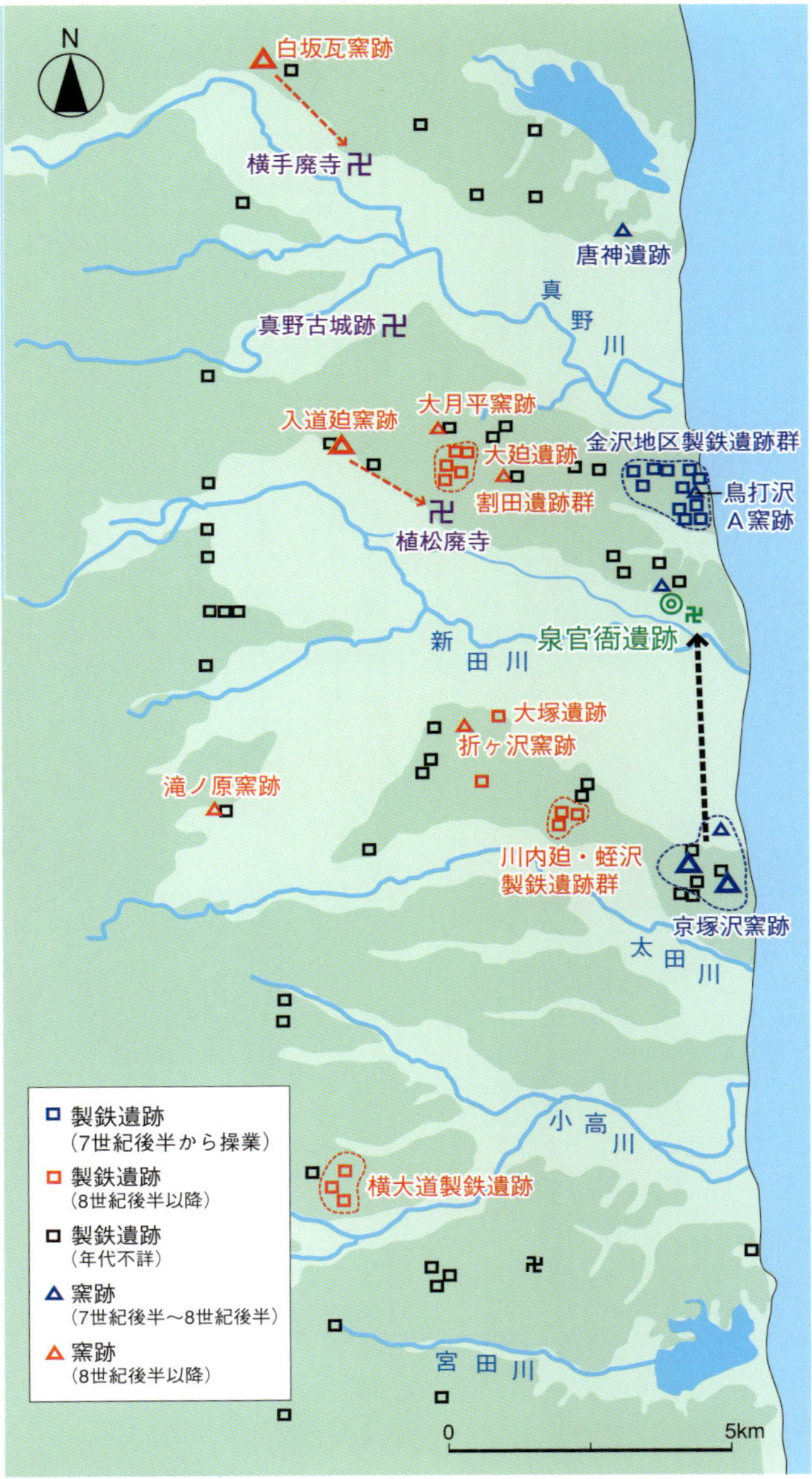


**図55 ● 生産遺跡の展開**
律令成立期に操業を開始した生産遺跡は沿岸部に位置するが、8世紀後半以降、内陸部で分散的に操業する遺跡が増加する。

沢地区製鉄遺跡群のほか、泉官衙遺跡館前地区の寺院創建期の瓦を生産した京塚沢窯跡など、相対的に古い時期に操業を開始した生産遺跡は、いずれも沿岸部に位置している。八世紀後半頃までは、製鉄・窯業の拠点的な遺跡が、郡内に各一カ所存在し、集中的な生産をおこなっていたとみられる点も、この時期の特徴である。先にみたように、この時期の製鉄には郡衙が密接にかかわり、郡を担い手とした生産がおこなわれた。瓦生産も郡衙に隣接する寺院の造営にともなうものである。

これに対し、八世紀後半以降、主に九世紀になってから操業を開始した生産遺跡は内陸部に分布し、郡内の各地に分散している点に特徴がある。これを前掲の図53と見くらべてみると、郡内に分立した在地氏族の本拠地と重なる部分が多いことに気がつく。白坂《しらさか》瓦窯跡や入道迫《にゅうどうさく》窯跡は、それぞれ横手廃寺・植松廃寺の瓦を生産・供給しており、その操業の担い手は、寺院の造営者である在地氏族とみて間違いあるまい。他の窯業遺跡も在地氏族の本拠地毎に分布することから、同様に考えてよいであろう。これに、製鉄遺跡の分布も重なることから、この時期に内陸部に展開した製鉄遺跡もまた、在地氏族を操業の担い手としていたと考えてよい。窯業と製鉄の遺跡の分布が重なることは、ともに丘陵の斜面を利用して操業することに加え、燃料となる薪や粘土の採取といった基礎的な労働力に重なる部分が多かったからであろう。

このように、行方郡における製鉄は、当初、在地氏族の本拠地から離れた沿岸部に郡衙とともに設置され、郡を単位とし郡を経営主体として操業をおこなったと考えられるが、八世紀後半以降には、在地氏族を担い手とし、彼らの本拠地毎に営まれるあり方に変化した。

では、この時期の生産遺跡に行方郡衙は関与しなかったのかというと、そうではない。第3章6節でみたように、行方郡衙Ⅲ期には、郡庁院や正倉院の規模が拡大・整備される。郡衙の存続期間のなかで、Ⅲ期は最盛期である。この時期の水運関連施設の整備は、郡内各地に拡散した製鉄や窯業など各種の産業を、内陸河川交通で結び付けるものであったと考えられる。一方、海上交通を利用した物資の輸送、地域間での交易も、さかんにおこなわれたことが推測される。郡による独自の経済活動で、莫大な財源を得たことが、Ⅲ期官衙の発展の背景にあったのではなかろうか。

一方、在地氏族の本拠地でおこなわれたさかんな造寺活動も、彼らの活発な経済活動の結果、蓄積された富から、巨額の私費を投じておこなわれたものであった。この時期に内陸部で操業した製鉄遺跡のなかには、獣脚付《じゅうきゃくつき》火舎《かしゃ》や梵鐘《ぼんしょう》などの仏具の鋳造がおこなわれたものがみられ、造寺活動との関連が考えられる。

## 4　これからの泉官衙遺跡

これまでみてきたように、行方郡衙は、郡の行政をおこなうための租税の徴収と運用だけでなく、公的な使者・旅行者の交通・宿泊への便宜や、農業や製鉄・窯業など、在地における各種生産のための労働力の編成や技術の継承、そして生産物の流通・交易など、さまざまな活動をおこなっていたと考えられる。泉官衙遺跡は、律令制による社会の成立とその深化・変質の過程、そして本地域が担った蝦夷政策の後方支援地域という特質を、今日に伝えている。しかし、本地域の歴史を形成したのは律令国家主導の政策だけではなく、在地の有力者や、その下に編成され結集した民衆の活動であった。泉官衙遺跡は、この両者を結びつける役割を果たしたと考えられる。今後、地域形成の重要な核となった本遺跡の歴史的価値を、広く一般に公開できるよう整備・活用を進めていきたいと考えている。

## 東日本大震災を経て

本書の執筆を終えた二カ月後、東北地方太平洋沖地震が発生した。東北地方の太平洋沿岸部は高さ数十メートルの津波によって壊滅し、多くの尊い人命が犠牲となった。世界史上最悪と言われる福島第一原子力発電所の事故が、これに追い打ちをかけた。この東日本大震災を契機に、私たちをとり巻く世界は一変した。災害が歴史に大きな変動をもたらしたのだ。

行方郡衙が存続した時代、そのⅢ期にあたる八六九年（貞観一一）に、今回の震災に匹敵する大地震が起きていた。この貞観地震の記録は、国府多賀城周辺についてのごくわずかな記述が史料に伝えられているだけであり、同じように被災したはずの本地域の状況について、史料は何も語っていない。私自身、震災の前にはあまり重視していなかったこの貞観地震が地域にもたらした影響を、改めて考えてみる必要を痛感した。前節で述べた手工業生産遺跡の沿岸部から内陸部への展開は、この期間に顕著に進んでいる。この事実は、この時期に起きた大地震と津波の影響により、泉官衙遺跡や金沢地区製鉄遺跡群のような沿岸部に位置する拠点的な施

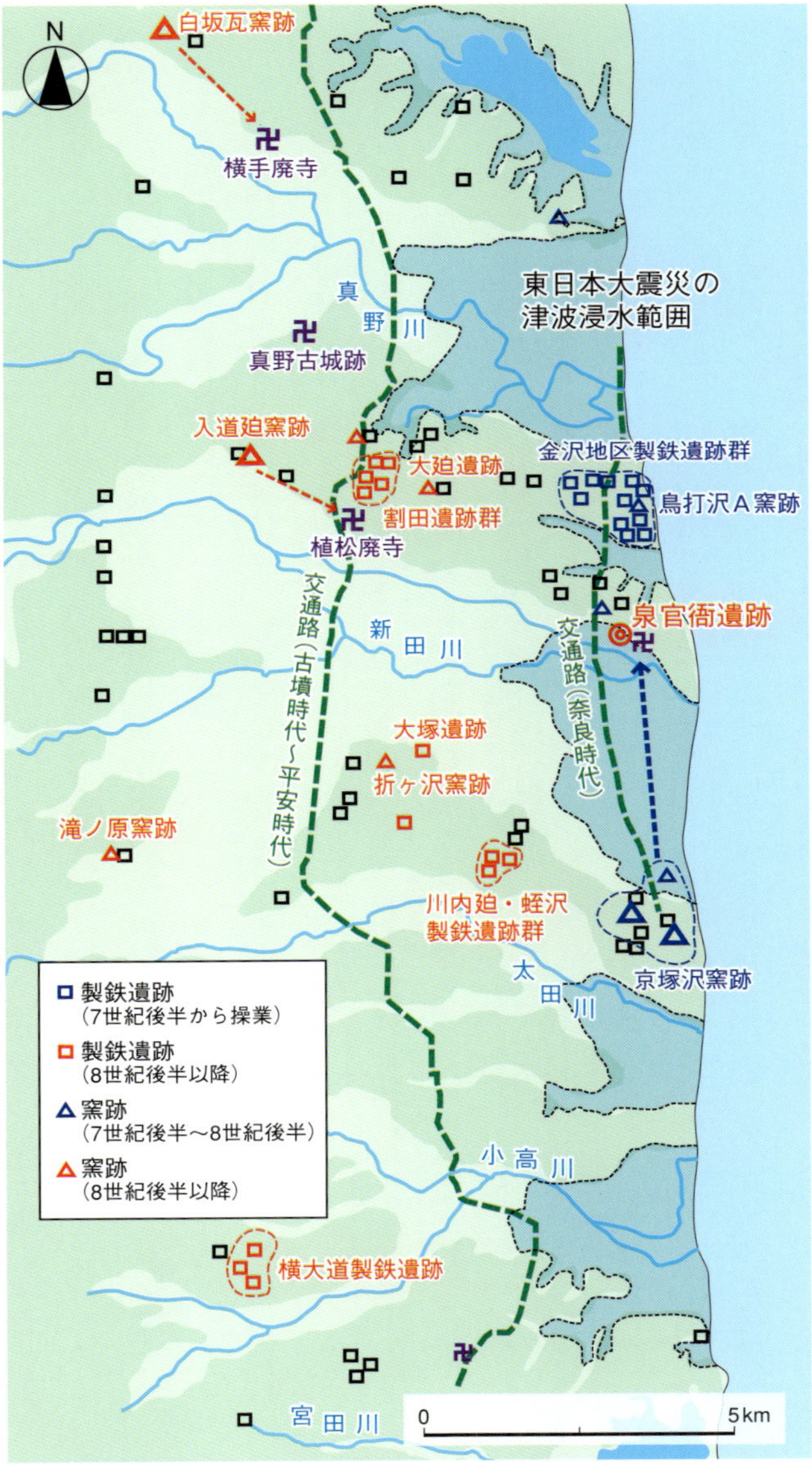


**図56 ● 貞観地震による津波浸水範囲の推定**
図55の生産遺跡の分布図に、東日本大震災の津波浸水範囲を重ねてみた。沿岸部の拠点的施設や交通路は被害を受ける一方、内陸部に存在した施設や交通路は機能したと考えられる。

設が被災した結果であった可能性があるのだ（図56）。泉官衙遺跡の変遷も、新たな視点で検証する必要がある。千年前におこった大地震の実態の解明は、考古学の今後の調査研究の成果によるところが大きい。ただ一つ、言えることは、未曾有と言える震災を経た後も、行方郡衙をはじめ周辺の遺跡でおこなわれた営みは続き、地域の歴史が途切れてはいないということだ。

本地域は、過去の災害をどのように乗り越えたのか。東日本大震災からの再起を果たすために私たちは、今まさに「遺跡を学ぶ」必要があるのだと思う。

また本地域の一部を含む、原発事故の避難区域となった地域では、住民の離散によって、今、地域社会が消滅の危機に瀕している。その復旧・復興には、長い時間を要するであろう。しかし、いかに時間が経過しても、地域がこれまでに歩んできた歴史をよりどころとすれば、それを取り戻すことができると考える。

本書では、行方郡という一地域が、かつて形成され、発展し、時代の流れとともに変質し、そして新たな時代へと引き継がれていった過程を描き、また、泉官衙遺跡の調査・研究を通じて、それを具体的に復元しようとする試みを紹介するように努めた。地域の歴史を再構成するとり組みは、私たちをとり巻く世界に地域のアイデンティティーという輪郭を与える。それが地域再生の精神的支柱となろう。考古学の方法によって、遺跡から地域のたどった歴史を甦らせることができると考える。貴重な史跡を地域の歴史や日本の未来を考える場として、広く公開・活用するとり組みは、震災前の計画のとおりにはいかなくなった。しかし、地域が復興を果たすために、新たな役割を与えられたと心得て、今後もとり組みを続けたい。

泉官衙遺跡の調査と保存にかかわり、これまでに多くの方々からご協力をいただいている。所有する土地での発掘調査を快諾してくださり、発掘調査を手伝っていただいた地元の方々のご理解とご協力には感謝の言葉もない。また、多くの先学諸兄から、発掘調査の現場や遺跡の保存、また今後の保存・活用へ向けたご指導を賜っている。末筆ながら、厚く御礼申し上げる。

# 主な参考文献


荒木　隆　二〇〇〇「陸奥南部の郡衙立地条件と水運」『福島県立博物館紀要』第一五号
飯村　均　二〇〇五『律令国家の対蝦夷政策・相馬の製鉄遺跡群』シリーズ「遺跡を学ぶ」〇二一　新泉社
いわき市教育委員会・(財) いわき市教育文化財団　二〇〇一『荒田目条里遺跡―古代河川跡の調査―』
木本元治　二〇〇三「古墳時代の終焉と地域支配の変容」『行政社会論集』第一五巻第三号
工藤雅樹　二〇〇一『律令国家とふくしま』歴春ふくしま文庫51　歴史春秋社
佐川正敏　二〇〇〇「陸奥国の平城宮式軒瓦六二八二―六七二一の系譜と年代―宮城県中新田町城生遺跡と福島県双葉町郡山五番遺跡・原町市泉廃寺―」『東北学院大学 東北文化研究所紀要』第三二号
佐川正敏　二〇〇四「福島県原町市泉廃寺跡出土軒瓦が語る古代行方郡衙郡寺の様相」『東北学院大学　東北文化研究所紀要』第三六号
独立行政法人文化財研究所奈良文化財研究所　二〇〇三・二〇〇四『古代の官衙遺跡』Ⅰ・Ⅱ
独立行政法人国立文化財機構奈良文化財研究所　二〇〇九『古代地方行政単位の成立と在地社会』
原町市　二〇〇三『原町市史』第四巻 資料編Ⅱ　古代・中世
原町市教育委員会　一九九七～二〇〇五『原町市内遺跡発掘調査報告書』一～一〇
原町市教育委員会ほか　二〇〇〇『蛭沢遺跡群C・D地区』
原町市教育委員会ほか　二〇〇三『蛭沢遺跡群・川内迫B遺跡群―工場用地造成に伴う発掘調査報告―』
原町市教育委員会ほか　二〇〇〇・二〇〇二『県営高平地区ほ場整備事業関連遺跡発掘調査報告書』Ⅰ・Ⅲ
平川　南　一九九三『厨』墨書土器論」『山梨県史研究』創刊号
平川　南　一九九九「古代木簡からみた地方豪族」『歴博大学院セミナー　考古資料と歴史学』吉川弘文館
藤木　海　二〇一四「官営製鉄と地域開発の展開―陸奥国宇多郡・行方郡―」『古代の開発と地域の力』古代東国の考古学3　天野努・田中広明編　高志書院
福島県教育委員会・(財) 福島県文化センター　一九九一～二〇〇七『原町火力発電所関連遺跡調査報告』Ⅰ～Ⅹ
松村恵司　一九八三「古代稲倉をめぐる諸問題」『文化財論叢』同朋舎
三上喜孝　二〇〇二「墨書土器研究の新視点―文献史学の立場から―」『國文学』四七―四
南相馬市　二〇一一『原町市史』第三巻　資料編Ⅰ　考古
南相馬市教育委員会　二〇〇七『泉廃寺跡―陸奥国行方郡家の調査報告―』
南相馬市教育委員会　二〇〇八『泉廃寺跡―陸奥国行方郡家出土瓦の報告―』
山中敏史　一九九四『古代地方官衙遺跡の研究』塙書房
山中敏史　二〇〇一「評制の成立過程と領域区分―評衙の構造と評支配域に関する試論―」『考古学の学際的研究』

# 遺跡には感動がある

――シリーズ「遺跡を学ぶ」刊行にあたって――

「遺跡には感動がある」。これが本企画のキーワードです。

あらためていうまでもなく、専門の研究者にとっては遺跡の発掘こそ考古学の基礎をなす基本的な手段です。また、はじめて考古学を学ぶ若い学生や一般の人びとにとって「遺跡は教室」です。

日本考古学では、もうかなり長期間にわたって、発掘・発見ブームが続いています。そして、毎年厖大な数の発掘調査報告書が、主として開発のための事前発掘を担当する埋蔵文化財行政機関や地方自治体などによって刊行されています。そこには専門研究者でさえ完全には把握できないほどの情報や記録が満ちあふれています。しかし、その遺跡の発掘によってどんな学問的成果が得られたのか、その遺跡やそこから出た文化財が古い時代の歴史を知るためにいかなる意義をもつのかなどといった点を、莫大な記述・記録の中から読みとることははなはだ困難です。ましてや、考古学に関心をもつ一般の社会人にとっては、刊行部数が少なく、数があっても高価なその報告書を手にすることすら、ほとんど困難といってよい状況です。

いま日本考古学は過多ともいえる資料と情報量の中で、考古学とはどんな学問か、また遺跡の発掘から何を求め、何を明らかにすべきかといった「哲学」と「指針」が必要な時期にいたっていると認識します。

本企画は「遺跡には感動がある」をキーワードとして、発掘の原点から考古学の本質を問い続ける試みとして、日本考古学が存続する限り、永く継続すべき企画と決意しています。いまや、考古学にすべての人びとの感動を引きつけることが、日本考古学の存立基盤を固めるために、欠かせない努力目標の一つです。必ずや研究者のみならず、多くの市民の共感をいただけるものと信じて疑いません。

二〇〇四年一月

戸沢充則

## 著者紹介

藤木　海（ふじき・かい）

1973年、東京都生まれ。

国士舘大学文学部史学地理学科卒業。立正大学大学院文学研究科史学専攻修士課程修了。2011年6月まで南相馬市教育委員会文化財課で泉官衙遺跡の保存・整備を担当したが、東日本大震災の災害対応のため、南相馬市役所建設部建築住宅課副主査を経て現在、南相馬市教育委員会文化財課主任文化財主事。

主な著作　「郡衙の倉庫群とその変遷」『北区文化財研究紀要』第12集、「泉廃寺跡出土の植物文軒先瓦の変遷」『古代東国の考古学』（慶友社）、「有蕊弁蓮華文鐙瓦の展開とその背景」『福島考古』第47号、「泉廃寺跡と関連遺跡の8世紀における造瓦」『福島考古』第50号ほか


**写真提供（所蔵）**

南相馬市教育委員会：図3・4・6右・7右～15・19・22～24・26～28・30～33・36・38～41（左・中）・43・45左～50（泉官衙の瓦）・51（植松廃寺・泉官衙の瓦）・53（植松廃寺の瓦）・54、東京国立博物館所蔵　Image:TNM Image Archives：図18（延喜式38巻紙背）、福島県文化財センター白河館：図35・41右、国土地理院：図37、奈良文化財研究所：図50（平城京の瓦）、東北歴史博物館：図50（多賀城の瓦）、福島市教育委員会：図51（腰浜廃寺の瓦）、福島県立博物館：図53（横手廃寺の瓦）、福島県立相馬高等学校：図53（真野古城跡の瓦）、奈良国立博物館：図53（京塚沢の瓦）

**図版出典（一部改変）**

図5・7左・8・11上・16・17・25・29・31下・34・36上・42：原町市教育委員会1997～2005・南相馬市教育委員会2007～2008・南相馬市2011をもとに著者作製、図41：原町市2003、図50（平城京図）：奈良文化財研究所

上記以外は著者


シリーズ「遺跡を学ぶ」106

**南相馬に躍動する古代の郡役所　泉官衙遺跡《いずみかんが》**

2016年 2月 1日　第1版第1刷発行

著　者＝藤木　海

発行者＝株式会社 新 泉 社

東京都文京区本郷2－5－12
TEL 03（3815）1662 ／ FAX 03（3815）1422
印刷／三秀舎　製本／榎本製本

ISBN978－4－7877－1536－4　C1021

## シリーズ「遺跡を学ぶ」

### 第1ステージ（各1500円＋税）